山东省社会科学规划研究项目(20DJJJ02)
山东大学(威海)学科建设专项资助

互联网金融的双重虚拟性与叠加风险研究

杨培祥　著

山东大学出版社
SHANDONG UNIVERSITY PRESS
·济南·

图书在版编目(CIP)数据

互联网金融的双重虚拟性与叠加风险研究/杨培祥著.—济南:山东大学出版社,2023.8
ISBN 978-7-5607-7929-4

Ⅰ.①互… Ⅱ.①杨… Ⅲ.①互联网络—应用—金融风险防范—研究 Ⅳ.①F830.9

中国国家版本馆 CIP 数据核字(2023)第 177099 号

责任编辑 谭学秋 刘晓燕
封面设计 张 荔

互联网金融的双重虚拟性与叠加风险研究
HULIANWANG JINRONG DE SHUANGCHONG XUNIXING YU DIEJIA FENGXIAN YANJIU

出版发行 山东大学出版社
社　　址 山东省济南市山大南路 20 号
邮政编码 250100
发行热线 (0531)88363008
经　　销 新华书店
印　　刷 济南华林彩印有限公司
规　　格 720 毫米×1000 毫米 1/16
　　　　 12.5 印张 181 千字
版　　次 2023 年 8 月第 1 版
印　　次 2023 年 8 月第 1 次印刷
定　　价 58.00 元

前　言

互联网金融是传统金融与互联网技术相互融合创新之后的新型金融模式，最近几年的发展势头十分迅猛，伴随着虚拟性规模的快速增长，其影响力已经渗透到社会经济的各个方面，成为一道极为醒目的经济景象。但是，互联网金融虚拟性规模的扩大也产生了危害甚广的各种风险。为此，深入研究互联网金融的虚拟性及其引致的风险问题就成为深刻认识和把握互联网金融的本质内涵、运行机理以及风险防控的重要内容。

互联网金融作为传统金融与互联网技术融合的产物，其虚拟性问题变得更为复杂，主要表现在：互联网金融除了具备金融虚拟性之外，也具备互联网的虚拟性。目前理论界的研究已经涉及这一问题，提出了互联网金融的虚拟性具有融合性、二重性、叠加性等特征的观点。而且，我国互联网金融在最近几年的迅猛发展进程中，各种风险也伴随着虚拟性规模的扩大而不断爆发，严重损害了互联网金融市场参与者的利益，扰乱了社会经济的正常运行，促使政府采取愈加严厉的监管政策，导致互联网金融未来的发展前景变得扑朔迷离。理论界对此高度关注并进行了深入分析，认为互联网金融既有传统金融的信用风险、市场风险等，也具有互联网方面的技术风险、信息安全风险等。因此，互联网金融在虚拟性方面具有双重性，风险也表现出叠加的特性。然而，现有研究虽然意识到互联网金融存在双重虚拟性和叠加风险的情形，但是还停留在浅层次的认识层面，没有从理论上构建起一个完整的框架深入分析互联网金融的双重虚拟性问题，更没有进一步深入分析双重虚拟性引致叠加风险的机理。因此，沿着理论界现有研究基础继续这一主题的研究仍有很大探索空间。

本书认为互联网金融是一种特殊的“互联网空间”，它将传统金融的运行“复制”到互联网虚拟空间，作为一个虚拟平台为客户提供各种高效、快捷的金融服务。这一特性赋予了互联网金融不仅具有传统金融的虚拟性，而且叠加了互联网虚拟性。本书基于该视角，在现有研究的基础上，尝试从理论上构建起一套框架对互联网金融的这种双重虚拟性进行深入分析，并在全面阐述互联网金融叠加风险的现实基本状况基础上，重点分析双重虚拟性导致叠加风险的形成机理，通过实证分析互联网金融与传统金融的风险溢出问题，得出了互联网金融市场具有更大的波动风险的结论，政府必须多管齐下，尤其要注重从技术角度制定防范互联网金融叠加风险的措施。在这样的逻辑思路下，本书对互联网金融的双重虚拟性引致叠加风险的机理展开了具体而系统的研究。

第一，分别对互联网金融的虚拟性和风险的国内外相关文献进行全面系统的回顾和梳理。研究发现，目前学术界对金融虚拟性、互联网虚拟性、互联网金融虚拟性以及金融风险、互联网风险、互联网金融风险等都有广泛而深入的研究，取得了显著的研究成果，这些成果为本书提供了丰富的借鉴材料。但是，现有研究缺乏对互联网金融双重虚拟性、叠加风险以及两者之间的机理分析，显示了学术界在此方面研究的不足，这也为本书下一步可能的创新指明了研究重点和方向。

第二，对互联网金融的双重虚拟性和叠加风险进行理论分析。先是对互联网金融的基本理论，包括互联网金融的内涵、基本特点以及主要模式进行阐述，为分析互联网金融的双重虚拟性和叠加风险奠定基础。之后,分别对金融虚拟性和互联网虚拟性进行一般理论分析,其中,主要从互联网空间的视角对后者展开研究,认为互联网技术的复制性、规模性和共享性促成了互联网虚拟性的形成。在厘清金融虚拟性与互联网虚拟性内涵的基础上界定了互联网金融双重虚拟性的内涵。最后,阐述互联网金融的叠加风险。在对互联网金融风险的内涵与特征进行基本理论分析之后,将互联网金融的风险分为金融层面的风险和互联网层面的风险,两个层面的风险相互融合形成了互联网金融叠加风险的特征。

第三,分析互联网金融的双重虚拟性引致叠加风险的机理。从具体机理讲,互联网金融双重虚拟性的形成为叠加风险的产生奠定了基础。首先,本书主要从虚拟价值的视角探析了双重虚拟性的形成机理。其次,分析双重虚拟性引致的金融风险和互联网风险相互叠加和作用,使互联网金融表现出叠加风险的特性。一方面,互联网金融的本质仍然是金融,金融虚拟性自然而然地使互联网金融传承了传统金融风险;另一方面,互联网金融的运行离不开网络虚拟空间,信息不对称、长尾效应、竞争性垄断以及网络共享性导致互联网风险的产生。最后,由于互联网金融的模式各有不同,表现出来的叠加风险和影响也就存在差异,为此,本书重点分析了叠加风险在互联网金融不同模式上的差异化表现及对传统金融风险的影响,有助于识别互联网金融风险在行业的分布、集聚以及叠加情形。

第四,实证分析互联网金融与传统金融之间的风险溢出关系。本书基于交叉相关函数的信息溢出检验方法,以中证互联网金融指数和中证 800 金融指数作为研究对象,对互联网金融与传统金融的均值、波动率、1%极端下跌、5%极端下跌等四类信息溢出进行了实证检验。结果表明,两个市场在双向信息溢出方面的瞬时 Granger 因果关系检验,在以上四类信息溢出层面都通过显著性检验,表明两个市场的一体化程度较高。同时,在单向信息溢出方面,只存在从互联网金融到传统金融的均值信息溢出效应，未曾发现任何从传统金融市场到互联网金融市场的单向溢出效应，证实互联网金融市场具有更高的风险敏感性和溢出效应。此外，通过进一步对比性分析，结果显示互联网金融自2013年进入爆发式发展以后，导致传统金融市场的风险增大了。

第五，提出防控互联网金融风险的政策建议。互联网金融的双重虚拟性及其导致叠加风险的事实表明，纯粹从金融或互联网技术方面制定单一政策无法起到良好的风险防控效果，要在目前防控金融风险的政策已经比较成熟的前提下，多注重从互联网技术方面入手，探索如何从技术安全角度更好地防范互联网金融风险的措施，并在征信体系、法律法规、综合监管、技术安全等方面多管齐下，建立同时防控金融风险和互联网风险的政策体系。

目　录

第一章　绪　论 …………………………………………………………… 1

第一节　研究背景和意义 …………………………………………………… 1
第二节　研究思路、框架与方法 ………………………………………… 10
第三节　创新点及不足之处 ……………………………………………… 16

第二章　国内外研究综述 ………………………………………………… 19

第一节　互联网金融虚拟性的相关研究 ………………………………… 19
第二节　互联网金融风险的相关研究 …………………………………… 45
第三节　文献评述 ………………………………………………………… 70

第三章　互联网金融的双重虚拟性与叠加风险的理论分析 ………… 72

第一节　互联网金融的基本理论 ………………………………………… 72
第二节　双重虚拟性的内涵 ……………………………………………… 79
第三节　叠加风险的内涵、特征与类型 ………………………………… 88

第四章　互联网金融的双重虚拟性引致叠加风险的机理分析 ……… 101

第一节　双重虚拟性的形成是叠加风险产生的基础 ………………… 101
第二节　金融虚拟性使互联网金融传承传统金融风险 ……………… 108

第三节 互联网虚拟性使互联网金融叠加互联网风险 …………… 113
第四节 叠加风险形成的差异化表现及对传统金融风险的影响 …… 122

第五章 互联网金融与传统金融之间风险溢出的实证分析 …………… 128

第一节 模型设定 …………………………………………………… 128
第二节 数据选择与处理 …………………………………………… 132
第三节 实证分析 …………………………………………………… 139

第六章 互联网金融双重虚拟性背景下的风险防范 ………………… 150

第一节 加快建设互联网金融的征信体系 ………………………… 150
第二节 建立健全互联网金融的法律法规 ………………………… 153
第三节 构建互联网金融的综合监管体系 ………………………… 156
第四节 强化互联网金融的技术安全防范 ………………………… 159

第七章 结 语 ………………………………………………………… 164

参考文献 ……………………………………………………………… 167

后 记 ………………………………………………………………… 189

第一章　绪　论

互联网金融是传统金融与互联网技术融合之后形成的新型金融业务模式，由于发展迅猛，虚拟性规模越来越大，由此引发的风险也越来越多。因此，互联网金融的虚拟性问题一直是学术界关注和研究的重点所在。本章首先就研究的背景和意义，以及研究思路、框架、方法等进行阐述。

第一节　研究背景和意义

互联网金融作为传统金融与互联网技术相互融合后形成的一种新型金融业务模式，其虚拟性表现出金融虚拟性与互联网虚拟性的双重性，风险也是叠加了金融风险与互联网风险。伴随着我国互联网金融的迅猛发展，其双重虚拟性规模的日益扩大引发的叠加风险也愈发严重，由此引发学术界和社会的高度关注。在此背景下，深入研究互联网金融的双重虚拟性引致叠加风险的机理，从理论与现实层面来讲都具有重要意义。

一、研究背景

金融在现代经济中居于核心地位，在资金融通、资源配置、经济调控等方面都发挥着不可替代的作用，技术的每一次进步都为金融功能的充分发挥带来了广阔空间，而互联网技术尤为如此。自进入21世纪以来，快速发展的互联网技术已经深入到社会经济的方方面面，出现了金融与互联网日益融合的大趋势，催生了以P2P(Peer to Peer，个人对个人)网贷、第三方支付、众筹、网络理财等为主要代表模式的互联网金融，它是一种新型的金融形态。

我国互联网金融的发展起步较晚，但发展十分迅猛。2005年以前，我国互联网金融尚处在萌芽阶段，业务模式主要表现在将传统金融机构的业务由线下转移到线上，即在互联网空间开展业务。这实际上是对传统金融业务的技术支持，还谈不上是真正意义上的互联网金融。2005～2012年是互联网金融的初步发展阶段，这一时期的互联网金融不仅仅停留在技术领域，而是开始进军真正的金融业务。2011年央行发放第三方支付牌照、网络贷款的逐渐兴起，标志着互联网金融逐渐成长起来。2012年以后，互联网金融迎来了发展的黄金时期，2013年呈现出爆发式发展的势头，虚拟性规模越来越大。先前已经出现的第三方支付、网络贷款继续高速发展，一些新兴的金融业务模式如众筹、网络理财等雨后春笋般涌现，传统金融机构面对竞争压力也开始大举进军互联网金融市场，不断改造和升级自己的互联网金融平台，互联网金融的发展进入高速发展阶段，同实体经济相比，在规模、范围、模式等方面都表现出了令人瞩目的发展成就。比如，在P2P网贷方面，2017年全国P2P网贷成交额38952.35亿元，同比2016年增加10902.97亿元，增长了38.87%；较基期1.77亿元，增加了104.95亿元，增长了59.29倍；截至2017年年底，历年全国P2P网贷成交额累计达到83313.88亿元。[①] 在第三方支付方面，2016年第三方

① 参见《2017年全国P2P网贷成交额情况分析：同比增长38.87%》，360doc个人图书馆，http://www.360doc.com/content/18/0525/11/40490835_756884456.shtml，2018年5月25日。

支付交易规模达到近80万亿元，同比增长率接近300%[①]；截至2017年第二季度，中国第三方支付移动支付已经达到了230408.2亿元人民币的市场交易规模，环比增长22.50%，支付宝和腾讯金融分别占比53.70%、39.12%，二者占据了绝大部分份额[②]。在网络理财方面，余额宝的业绩最为引人注目，截至2017年第三季度末，余额宝已经达到15595.95亿元的规模[③]，比2016年的8082.94亿元激增了92.95%[④]，已经超过了招商银行2016年年底的个人活期和定期存款总额[⑤]，成为全球最大的货币基金，并且带动了一系列"宝宝"类理财产品的繁荣。虽然互联网金融起步晚，但是巨大的虚拟性规模也集聚了不安全因素，暴露出来的风险问题也令人担忧。以P2P网贷为例，2017年年底，我国P2P网贷风险预警系统的风险池预警平台高达5166家，而我国P2P网贷平台总共也就有7257家，预警平台占比竟然高达71.19%；截至2017年底，全国提现困难、主动关闭、失联跑路问题平台等累计3192家。[⑥] 个别非法集资、跑路倒闭的平台造成了恶劣的社会影响，导致客户不得不承受无法挽回的损失，比如"e租宝"涉嫌非法集资500多亿元，涉及约90万投资人。[⑦] 互联网金融爆发的各种风险给监

---

① 参见《2017年中国第三方支付市场监测报告》，艾瑞咨询，https://www.iresearch.com.cn/Detail/report? id=3035&isfree=0，2017年8月14日。

② 参见《2017年第二季度第三方支付市场监测报告》，搜狐网，https://www.sohu.com/a/196887194_99943574，2017年10月9日。

③ 参见《蚂蚁金服控股天弘基金公司发布2017年三季财报》，搜狐网，https://www.sohu.com/a/200221230_114837，2017年10月25日。

④ 参见《余额宝已成为"千禧一代"年终奖的主要去处》，搜狐网，http://fund.sohu.com/20170118/n479003545.shtml，2017年1月18日。

⑤ 参见《余额宝规模直逼四大行，已引起监管层关注》，搜狐网，https://www.sohu.com/a/153871991_99920490，2017年7月2日。

⑥ 参见《2017年全国P2P网贷行业大数据报告》，贝它财经，https://www.bctax.cn/3343.html，2018年1月3日。

⑦ 参见《"e租宝"非法集资案真相调查》，中华人民共和国最高人民检察院，https://www.spp.gov.cn/spp/zdgz/201602/t20160201_111982.shtml，2016年2月1日。

管提出了严峻挑战，从2015年起，政府开始出台、执行更加严厉的监管政策，被媒体称为“互联网金融监管元年”。[①] 互联网金融的未来发展在充满希望的同时也面临着因虚拟性扩大而导致的风险问题。

互联网金融迅猛的发展的势头也受到了理论界的关注，学术界从不同视角对互联网金融进行了大量研究。谢平和邹传伟最早提出了“互联网金融”的概念，认为传统金融模式在互联网科技的颠覆性影响下，产生了一种既不是商业银行间接融资也不是资本市场直接融资的属于“第三种”的新融资模式，即互联网金融模式。[②] 随后，有不少学者继续对互联网金融的内涵进行深入分析，普遍认为互联网金融是融合的产物，即传统金融与互联网技术的结合创新之后的新兴领域[③]、新的金融形态[④]。也有学者重点对互联网金融模式的划分进行了研究，并且对诸如P2P网贷、第三方支付、众筹、网络理财等特征进行重点剖析。[⑤]

还有学者针对互联网金融的迅速崛起，探讨了它对传统金融特别是银行的影响以及未来的发展趋势。比如，从积极方面看，有学者认为互联网金融通过技术溢出效应，使我国商业银行的全要素生产率得

① 参见《互联网金融监管元年：普惠业态更多元》，新浪科技，https://tech.sina.com.cn/i/2015-08-27/doc-ifxhkafa9325467.shtml，2015年8月27日。

② 参见谢平、邹传伟：《互联网金融模式研究》，载《金融研究》2012年第12期。

③ 参见陶娅娜：《互联网金融发展研究》，载《金融发展评论》2013年第11期；王达：《影子银行演进之互联网金融的兴起及其引发的冲击——为何中国迥异于美国？》，载《东北亚论坛》2014年第4期。

④ 参见孙国茂：《互联网金融：本质、现状与趋势》，载《理论学刊》2015年第3期；郭建辉：《我国互联网金融发展的内生逻辑、驱动因素与金融功能效应》，载《税务与经济》2018年第1期；陈钊、邓东升：《互联网金融的发展、风险与监管——以P2P网络借贷为例》，载《学术月刊》2019年第12期；徐向艺、牛卫东、魏巍：《互联网金融商业模式选择：效率性提高会带来颠覆性创新吗？》，载《东岳论丛》2020年第1期。

⑤ 参见王曙光、张春霞：《互联网金融发展的中国模式与金融创新》，载《长白学刊》2014年第1期；张晶：《互联网金融：新兴业态、潜在风险与应对之策》，载《经济问题探索》2014年第4期；苏汝劼、张寰宇：《利用互联网金融发展中国健康产业的模式和途径分析》，载《宏观经济研究》2018年第3期。

到显著提升[①];从消极方面看,有学者认为互联网金融确实对商业银行等传统金融机构带来了冲击[②],打破了传统银行的垄断地位[③]。不过,也有学者不同意此类观点,认为互联网金融还不足以撼动传统银行的主流地位。[④] 当然,还有学者辩证地看待二者关系,认为互联网金融与传统金融是一种合作与竞争共存的互补关系。[⑤] 此外,关于互联网金融风险的研究也是重点领域,学术界对互联网金融风险的特点[⑥]、分

---

① 参见沈悦、郭品:《互联网金融、技术溢出与商业银行全要素生产率》,载《金融研究》2015 年第 3 期。

② 参见吴成颂、王超、倪清:《互联网金融对商业银行系统性风险的影响——基于沪深股市上市商业银行的证据》,载《当代经济管理》2019 年第 2 期;裴平、傅顺:《互联网金融发展对商业银行流动性的影响——来自中国 15 家上市银行的经验证据》,载《经济学家》2020 年第 12 期;顾海峰、谢疏影:《互联网金融影响了商业银行流动性创造吗?》,载《财经理论与实践》2021 年第 6 期;刘孟飞、王琦:《互联网金融对商业银行绩效的影响机理与异质性研究》,载《经济理论与经济管理》2021 年第 8 期。

③ 参见周宇:《互联网金融:一场划时代的金融变革》,载《探索与争鸣》2013 年第 9 期;曹凤岐:《互联网金融对传统金融的挑战》,载《金融论坛》2015 年第 1 期;陈孝明、张伟、罗梓健:《互联网金融对商业银行稳定性的冲击效应》,载《学术研究》2019 年第 1 期。

④ 参见郑联盛:《中国互联网金融:模式、影响、本质与风险》,载《国际经济评论》2014 年第 5 期;王国刚、张扬:《互联网金融之辨析》,载《财贸经济》2015 年第 1 期;陈孝明、张伟、罗梓健:《互联网金融对商业银行稳定性的冲击效应》,载《学术研究》2019 年第 1 期。

⑤ 参见刘越、徐超、于品显:《互联网金融:缘起、风险及其监管》,载《社会科学研究》2014 年第 3 期;彭迪云、李阳:《互联网金融与商业银行的共生关系及其互动发展对策研究》,载《经济问题探索》2015 年第 3 期;蓝庆新、韩羽来:《基于 Logistic 模型的传统金融与互联网金融共生性研究》,载《贵州财经大学学报》2018 年第 4 期。

⑥ 参见杨群华:《我国互联网金融的特殊风险及防范研究》,载《金融科技时代》2013 年第 7 期;王立国、许爱萍:《技术创新视角下网络金融风险的特点及合作监控模式构建》,载《南京社会科学》2014 年第 1 期;许多奇:《互联网金融风险的社会特性与监管创新》,载《法学研究》2018 年第 5 期;向静林:《互联网金融风险与政府治理机制转型》,载《社会科学研究》2021 年第 1 期。

类[①]、计量[②]、防控[③]等进行了细致研究。随着互联网金融的深入发展，学术界对互联网金融新出现的各种热点也积极跟踪研究，形成了极为丰富的研究材料。但是，这些研究不仅没有深入分析互联网金融的双重虚拟性及其叠加风险，即互联网金融的虚拟性叠加了金融虚拟性与互联网虚拟性，并产生了金融风险与互联网风险的叠加，而且没有系统研究互联网金融的双重虚拟性引致叠加风险的机理。但这是一个涉及互联网金融本质性的根本问题，不研究清楚这一问题就很难解释互联网金融的虚拟性规模在短时间内发展如此之快，为何导致互联网金融具有叠加风险的特征，它对传统金融带来了怎样的风险影响，如何有效防控叠加风险等一系列急需解决的问题。

正是在上述互联网金融的发展和研究背景之下，本书通过构建互联网金融的双重虚拟性理论，重点分析双重虚拟性引致的叠加风险机理，并通过实证分析其叠加风险的溢出效应，进一步提出有效防控风险措施。

---

① 参见许荣、刘洋、文武健、徐昭：《互联网金融的潜在风险研究》，载《金融监管研究》2014年第3期；谢尔曼、黄旭、周杨：《互联网金融的网络安全与信息安全要素分析》，载《上海大学学报（社会科学版）》2015年第4期；郭瑞云：《互联网金融风险治理对策探析》，载《长春金融高等专科学校学报》2015年第6期；尹振涛：《互联网金融监管的法治化思考：必要性、路径及实施》，载《社会科学家》2019年第10期；张健：《中国互联网金融风险与监管体系改革的路径选择》，载《亚太经济》2018年第6期。

② 参见宋光辉、吴超、吴栩：《互联网金融风险度量模型选择研究》，载《金融理论与实践》2014年第12期；曾建光：《网络安全风险感知与互联网金融的资产定价》，载《经济研究》2015年第7期；何启志、彭明生：《基于互联网金融的网贷利率特征研究》，载《金融研究》2016年第10期；陈耀辉、马凌云：《基于Copula-GARCH模型的互联网金融市场风险测度》，载《南京财经大学学报》2021年第1期；刘敏、任钟媛、周德才、吕英超：《基于混频数据的互联网金融风险测度及预测研究》，载《管理学报》2022年第12期。

③ 参见杨东：《互联网金融风险规制路径》，载《中国法学》2015年第3期；王倩、吴承礼：《互联网金融风险的生成机理分析》，载《社会科学辑刊》2016年第5期；张承惠：《关于互联网金融风险的思考与建议》，载《经济纵横》2016年第4期；周昌发：《论互联网金融的激励性监管》，载《法商研究》2018年第4期；张成虎、刘杰：《互联网金融创新与金融监管的动态演化博弈》，载《贵州社会科学》2020年第1期；王健、赵秉元：《互联网金融创新的沙盒监管：挑战与应对》，载《兰州学刊》2021年第10期；孙晋：《互联网金融平台传统监管的局限与法治化改革》，载《华东政法大学学报》2023年第1期。

二、研究意义

我国互联网金融的高速发展，在理论和现实层面引起了人们的高度关注，研究互联网金融的双重虚拟性引致叠加风险的机理有助于深刻认识互联网金融的本质内涵、运行机理、风险防范等问题，具有一定的理论和现实意义。

(一)理论意义

首先，本书为深入理解互联网金融的双重虚拟性提供了理论分析框架。由于互联网金融是传统金融与互联网技术相互融合后的产物，从理论上讲应该具有金融的虚拟性和互联网的虚拟性，两种虚拟性是叠加、融合在一起的，共同体现为互联网金融的虚拟性。为此，本书在已有研究的基础上，构建了互联网金融的双重虚拟性理论，认为互联网金融一方面从本质上来讲还是金融，理所当然具有金融的虚拟性；另一方面，互联网金融的运行主要在互联网空间这样一种虚拟化的网络中进行，不可避免地带有互联网的虚拟性。并且从规模性、复制性、共享性三方面去分析互联网的虚拟性内涵。在具体分析两种虚拟性的基础上，界定了互联网金融双重虚拟性的内涵，并随后对其形成机理进行了分析，从理论上提供了一个双重虚拟性的理论框架，有助于改善互联网金融的虚拟性研究中侧重金融虚拟性而忽略互联网虚拟性的状况。

其次，本书从理论上深化并完善了对互联网金融叠加风险的基本认识。我国互联网金融最近几年的发展可谓突飞猛进，很大原因在于互联网金融具有节省成本、服务高效、去中介化、普惠金融等优点，故此在很短时间内得到社会公众的认可并快速发展起来，巨大的虚拟性规模足以引起社会各界的广泛关注，也吸引了更多参与者到互联网金融市场中来进行金融活动。不过令人遗憾的是，互联网金融随着虚拟性规模的扩大，各种非法集资、跑路倒闭等巨大风险也深深刺痛了社会公众的神经，更是令监管者头痛不已。现有理论研究对于互联网金融叠加风险的内涵、特征、类型等还没有进行较为完整而深入的分析，无法廓清对互联网叠加风险的一些模糊性认识。本书在这些问题上厘清了叠加风险的内涵，总结出了具体的特征并进行了明确的分类，提升了对叠加风险的清晰认识。

最后，本书基于互联网金融的双重虚拟性视角剖析了其叠加风险的形成机理。理论界从多方面分析了互联网金融叠加风险的形成原因，比如监管缺失、立法滞后、风险意识淡薄等，不过普遍认为互联网金融的虚拟性是引发一系列风险的重要原因。可以说，理论界已经注意到了互联网金融的虚拟性问题，开始从根本上去研究探讨虚拟性与风险之间的关系。然而，目前理论界虽然已经有学者提出互联网金融的虚拟性和风险具有“融合性”“二重性”“叠加性”等，但也只是一笔带过，或者简述一下而已，没有构建系统化的理论体系，更没有系统研究互联网的双重虚拟性对叠加风险的作用机理问题，因此，还需要在理论上进行更加深入的探索。本书明确指出互联网金融既具有金融层面的风险（比如信用风险、市场风险等），也具有互联网层面的风险（比如技术风险、信息安全风险等），两种风险呈现叠加性、融合性，它们分别是金融虚拟性、互联网虚拟性导致的风险，并重点分析了其中的形成机理，为从理论上更加清晰认识互联网金融叠加风险的形成提供了新颖的研究视角。

（二）现实意义

首先，本书有助于清醒认识现实中互联网金融虚拟性规模的快速增长。互联网金融经过近几年的大发展，已经从新生事物渐渐为人们所熟知，变成人们日常生活司空见惯的金融服务模式，对互联网金融风险的监管也显露成效。在互联网金融的发展逐渐进入规范的轨道之后，很有必要从现实层面对其发展过程中的虚拟性问题进行理性思考，即互联网金融为何在短时间内就能集聚起如此大的规模。本书认为，互联网金融从本质上讲还是金融，只是在运行层面主要在互联网空间中进行。借助互联网技术的复制性、规模性、共享性，互联网金融大大降低了运营成本，可以更加高效地为广大中小客户提供各类金融服务，并且弱化了金融的中介色彩，让客户可以直接在互联网金融平台上实现直接金融交易。可以说，互联网金融将传统金融的虚拟性在互联网技术的支持下扩大了，互联网空间融入了金融服务活动之后，互联网的虚拟性也伴随着人数的增多而大大增强了。互联网金融的这种双重虚拟性使其发展速度得到快速提升，如果服务模式能很好地迎合市场需求，在短时间内集聚起一定的规模并不稀罕。

其次，本书可以促进监管部门有针对性地制定更加适宜的防控互联网金融叠加风险的政策。互联网金融的双重虚拟性也蕴含了叠加风险。传统金融中的信用风险在高速的网络传播中扩大了，互联网的信息安全风险因为直接涉及人们的个人资产信息也变得十分敏感。比如，支付宝、微信支付等是人们日常生活中比较常见的支付形式，个人信息泄露的现象屡见不鲜，经常看到客户因为个人信息泄露而遭受经济损失。由此看来，互联网金融的风险变得比传统金融更加复杂了，监管难度也增大了。互联网金融自从2013年进入爆发式发展之后，面对互联网金融时不时爆发的诸如跑路、倒闭、非法集资、诈骗、违规运营等各种各样的风险，监管部门起初也比较被动，一个主要的原因是没有及时改变监管思路，还是从防范传统金融风险的思维出发制定监管策略，监管效果不是很理想。后来逐渐认识到从互联网技术角度看问题，比如限定网上转账额度、频率、时间，建立网络征信体系，强化网络资质审核等，取得了不错的监管成效。这表明，要同时从金融和互联网两个方面出击，才能有力防范互联网金融的叠加风险。因此，研究互联网金融的双重虚拟性引致叠加风险的机理，可以深入剖析它的风险形成机理具有哪些不同于传统金融风险的特点，制定出一套更为适合防控互联网金融叠加风险的政策，这些对于促进互联网金融的健康发展，让互联网金融真正成为服务实体经济的工具而不是坑蒙拐骗的场所，具有积极的现实意义和价值。

第二节　研究思路、框架与方法

本书紧密围绕互联网金融的双重虚拟性引致叠加风险的研究主题，主要沿着先从研究综述切入、然后进行理论分析与实证分析、最后提出政策建议的研究思路构建研究框架，并运用具体分析与抽象分析相统一、理论分析与实证分析相结合、逻辑推理、比较分析的研究方法展开研究。

一、研究思路

本书在国内外研究的基础上，从现象与本质、理论与实证等角度，紧扣互联网金融的双重虚拟性引致叠加风险这一主题，沿着“文献综述—理论分析—实证分析—政策建议”的思路展开研究。

本书先是全面、系统地梳理现有关于互联网金融的虚拟性以及风险的文献，并进行了评述，认为对互联网金融双重虚拟性和叠加风险的研究不多且没有深入分析，更缺乏从互联网金融双重虚拟性的视角去探析叠加风险的形成机理。因此，为了给监管部门制定适宜的监管政策提供理论参考，做好互联网金融风险的防控工作，以维护互联网金融的健康发展，更好地发挥互联网金融服务经济发展的作用，就很有必要重点研究互联网金融的双重虚拟性引致叠加风险的机理，由此确定本书研究的方向，提出研究的问题。

在提出研究方向和问题之后，本书重点对互联网金融的双重虚拟性引致叠加风险的机理进行理论分析。首先，对互联网金融的双重虚拟性和叠加风险进行基本的理论分析。其中，在分析双重虚拟性时，主要是从互联网虚拟空间的视角切入，认为互联网金融的本质是金融，毫无疑问，金融虚拟性是其本身虚拟性的一部分；然而互联网金融又是在互联网虚拟空间开展金融活动，互联网的虚拟性不可避免也是其本身虚拟性的一部分。在分析叠加风险时，主要对其内涵、特征以及类型进行了阐述。其次，在此基础上进一步分析双重虚拟性对叠加风险的作用机理。本书先是从虚拟价值的视角分析了互联网金融双重虚拟性的形成机理，认为双重虚拟性的形成为叠加风险的产生奠定了基础。接着，提出互联网金融之所以表现出比传统金融更为复杂的叠加风险特征，主要是由于双重虚拟性不仅使互联网金融传承了传统金融的风险，而且由于互联网虚拟性滋生了网络风险，从而表现出两种风险的叠加，自然比传统金融的风险形成机理更复杂。此外，互联网金融模式各异，叠加风险在不同的互联网金融模式中表现和影响也不同。

从理论上分析互联网金融的双重虚拟性及其风险有助于深刻认识其本质和运行的规律，但不能停留于此。互联网金融的叠加风险爆发之后，在现实表现上具有更大的破坏性。因为互联网高速传播的特性，可以迅速将风险“传染”到整个金融市场，由此对传统金融的秩序造成严重的负面影响。特别是在金融市场发生剧烈波动的情况下，互联网金融的风险“传染”会加剧传统金融市场的风险。这些是在观察现实和理论分析之后得出的结论，还要进行必要的实证分析，得出可信服的实证检验和结论。

最后，在理论分析互联网金融的风险危害并实证检验之后，要制定适宜的政策加强对互联网金融风险的防控。由于目前多是从金融方面入手，对互联网技术在风险防控中的作用重视不够，为此，在防控互联网金融风险时，要将互联网金融看作是金融与互联网技术融合创新之后的产物，真正认识到互联网金融所具有的双重虚拟性和叠加风险，从金融和互联网两个视角去制定相应政策，才能有效解决互联网金融的风险问题。

本书具体的研究思路及其逻辑框架如图 1.1 所示。

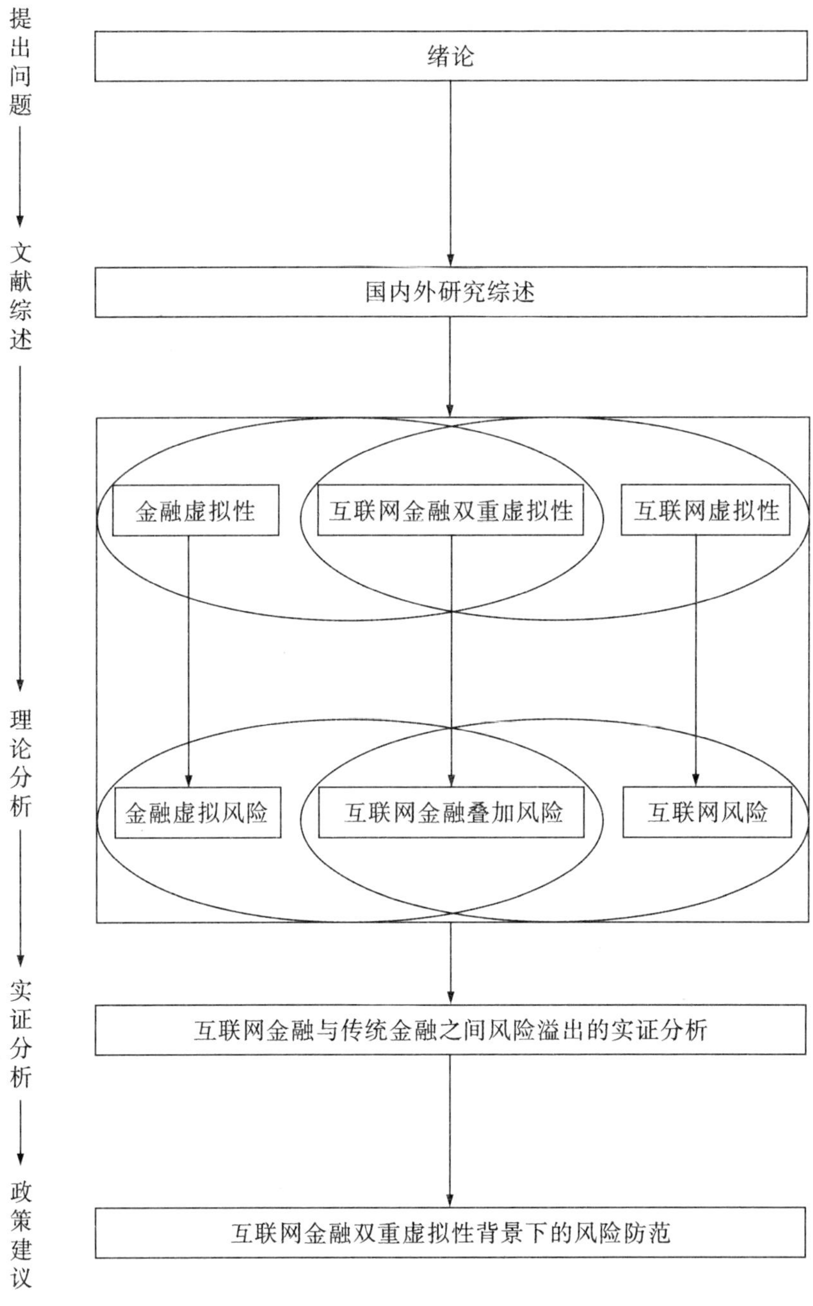

图 1.1　本书研究思路和逻辑框架

二、研究框架

根据研究思路和逻辑框架，本书共分为七章，每章的主要内容安排如下：

第一章是绪论，作为本书的开篇，主要介绍本书的研究背景和意义，研究思路、框架以及方法，并指出研究的主要创新以及不足之处。

第二章为文献综述，主要对国内外在互联网金融的虚拟性和风险方面的文献进行了全面系统的回顾和梳理，并在此基础上进行了评述。这有助于把握目前学术界在互联网金融双重虚拟性和叠加风险方面的研究进展，对其中存在的不足能有清晰的认识，以便在此基础上对研究的薄弱之处进行重点探讨和思考，为进一步可能的创新研究指明努力的方向。

第三章主要对互联网金融的双重虚拟性和叠加风险进行了理论分析。先是从分析互联网金融的基本理论开始做铺垫，阐述了互联网金融的内涵和基本特点。然后，从一般意义上着重对金融的虚拟性和互联网的虚拟性进行了理论分析。其中，主要从互联网空间的视角分析了互联网的虚拟性。在分析金融虚拟性和互联网虚拟性的基础上界定了双重虚拟性的内涵。最后，从理论上分析了互联网金融叠加风险的内涵、特征以及类型，认为互联网金融既具有金融风险，也具有互联网风险，在此基础上形成了叠加风险，并分别对叠加风险中金融层面和互联网层面包含的风险类型进行了具体阐述。

第四章重点分析了互联网金融的双重虚拟引致叠加风险的机理。互联网金融的双重虚拟性规模越膨胀，导致互联网金融脱离实体经济的风险就越大。叠加风险的发生从根源上讲与双重虚拟性紧密关联。从具体机理讲，双重虚拟性的形成是叠加风险产生的基础。首先，本书基于虚拟价值的视角分析了互联网金融双重虚拟性的形成机理，为分析叠加风险奠定了理论基础。其次，本书认为，一方面，互联网金融在本质上是金融，自然而然地传承了传统金融的风险；另一方面，互联网金融离不开网络虚拟空间的运行载体，在信息不对称、长尾效应、竞争性垄断以及网络共享性的影响下，不可避免地叠加了互联网风险，两种风险相互影响和作用，促使互联网金融形成了叠加风险。最后，由于互联网金融的模式存在差异，对风险的敏感性也就不同，本书据此重点分析了叠加风险在不同的互联网金融模式上的差异化表现及对传统金融风险的影响，由此可以进一步洞察互联网金融风险的重点危害所在。

第五章是实证部分，主要针对互联网金融的叠加风险对传统金融的影响进行了实证研究。基于以上理论分析和现实中互联网金融风险的破坏性事实，本书发现互联网金融的叠加风险在虚拟化的网络空间快速传播，会引起比传统金融市场更大的波动和恐慌，带来不容小觑的风险溢出效应，特别是市场在受到意想不到的冲击时更是如此，实证研究对这一理论和现实结论进行严谨的检验。

第六章在前文分析的基础上，从维护互联网金融的健康发展、为其创造良好的发展环境出发，提出了防控互联网金融风险的政策建议。因为互联网金融的叠加风险主要是由双重虚拟性引致，所以必须要从金融和互联网两个方面去着手。在目前金融方面的政策已经比较成熟的情形下，着重从互联网技术方面积极探索有力的政策措施，从而构建一个系统化的防范风险体系。

第七章是结语，主要概述总结本书的研究内容，并对其存在的研究不足提出下一步重点研究工作，以期深化、完善本书的研究。

三、研究方法

1.具体分析与抽象分析相统一的方法

社会经济的运行过程以及在经济运行过程中形成的经济关系错综复杂，不能一目了然洞悉经济现象背后的本质，这就需要对具体的经济现象进行抽象分析。马克思指出："分析经济形式，既不能用显微镜，也不能用化学试剂。二者都必须用抽象力来代替。”①因此，在分析互联网金融的各种问题时，要从互联网金融表现出来的具体现象入手，运用抽象分析方法总结出其背后的本质规定性，抽离出一般的理论，再将这一般的理论应用于分析现实中具体的互联网金融现象，做到具体与抽象的统一，从而对互联网金融的内在本质和外在表象有深刻的认识。

2.理论分析与实证分析相结合的方法

理论分析主要是利用现代科学理论和恰当的研究范式对实际问题进行分析的方法；实证分析是指在一定假设前提下，在充分合理地考虑经济变量之间的因果关系后，对观察到的事实进行描述、验证、解释等。理论分析可以为实证分析提供必要的理论支撑和依据，实证分析可以佐证理论分析结论的现实可能性，避免理论脱离实际。两种方法的共同运用在解释经济现象时更有说服力和可信性。因此，本书结合现实观察，不仅要在理论上分析互联网金融的叠加风险对传统金融的负面冲击，还要从实证分析中去验证理论分析的结论是否真实。

3.逻辑推理法

逻辑推理法是指，在逻辑思维的过程中，人们依据现实材料，按照逻辑思维的规则以及规律形成概念，然后以此作出判断并进行推理的方法。互联网金融是新兴的金融形态，正处于方兴未艾的发展阶段，各种创新现象层出不穷，发展前景至今尚未明确，很多数据也无法搜集和利用。在这种情况下，互联网金融的很多问题无法采用数据进行必要的计量分析。因此，本书主要通过逻辑推理法完成相关分析。当然，本书在进行必要的实证分析中，也需要对建模过程、变量选取等进行一定的逻辑推理。

4.比较分析法

经济现象具有矛盾的普遍性，也有矛盾的特殊性。通过比较分析

① 马克思：《资本论》第1卷，人民出版社2004年版，第8页。

才能把握住不同经济现象之间的特殊差异，牢牢抓住问题的关键，进而分析导致差异的缘由，提出有针对性的政策建议。互联网金融与传统金融、互联网金融内部的不同模式之间都存在或多或少的差异。通过比较分析，既要看到互联网金融具有不同于传统金融的诸多优势，能够迅速崛起也在情理之中；又要看到互联网金融又出现了比传统金融更复杂的风险特征，不同的模式之间在风险上的表现也不同。因此，在制定规范互联网金融的政策时就要区别对待，重点防范那些容易爆发风险的行业。

第三节　创新点及不足之处

本书的主要创新之处在于，构建了互联网金融双重虚拟性的理论框架，从双重虚拟性的理论视角分析了叠加风险的形成机理，对互联网金融与传统金融之间的风险溢出问题进行了实证研究。但是，限于个人的学术水平和能力，本书在互联网金融叠加风险的形成机理、互联网金融与传统金融之间的风险溢出效应研究方面还存在不足之处。

一、创新点

本书的创新点主要体现在以下三个方面：

第一，本书构建了互联网金融双重虚拟性的理论框架。从互联网金融的现实发展来看，互联网金融的虚拟性规模快速增长在很大程度上得益于互联网技术的运用，分析互联网虚拟性对于深入理解互联网金融发展有很大帮助。然而，现有研究文献较多地研究了其金融方面的虚拟性，只是稍微提到了双重虚拟性的现象，没有进行系统化、理论化的分析。本书将互联网金融看作是在互联网虚拟空间运行的金融服务平台，对其金融虚拟性和互联网虚拟性的形成机理进行了理论分析，深化了对互联网金融虚拟性的认识。

第二，本书从双重虚拟性的理论视角分析了叠加风险的形成机理，揭示了互联网金融叠加风险复杂的形成过程。互联网金融经过最近几年的大发展，暴露出来的风险问题可谓触目惊心，外界对其风险的类别、危害等已经有了较充分的认识，对于叠加风险也进行了探讨，但是关于叠加风险的形成机理分析比较散乱，还有待于深化。本书在构建的双重虚拟性理论框架基础上进一步分析了互联网金融叠加风险的形成，厘清了双重虚拟性对叠加风险的作用机理问题，开辟了一个理解互联网金融风险的新视角。

第三，本书对互联网金融与传统金融之间的风险溢出问题进行了实证研究，不仅考察了两者之间的一般风险溢出效应，而且特别考察了两者之间极端风险溢出效应。由于互联网金融在虚拟化的互联网空间中运行，对各种突然爆发的事件极为敏感，当市场出现极端风险状况时，比如股灾、“黑天鹅事件”等，互联网金融的风险可能就比平时的一般波动对传统金融造成更大的扰动，考察这类风险溢出有助于清醒认识互联网金融叠加风险的危害，对政府制定适宜的监管政策具有参考意义。

二、不足之处

限于个人的学术水平和能力，本书存在以下不足之处：

第一，互联网金融的叠加风险是受多种因素共同影响促成的结果，本书根据互联网当前发展的实际，主要是从互联网金融的双重虚拟性角度进行了分析。随着互联网金融的发展，其他因素，比如国家宏观政策、国外竞争者的加入等，也会对我国目前的互联网金融市场格局造成影响，且目前已露出端倪，比如金融领域放宽外资准入，未来的互联网金融市场竞争会更加激烈，风险诱发机制也会更复杂，这有待于在双重虚拟性的基础上拓宽研究视角。

第二，实证研究考察了互联网金融与传统金融之间的风险溢出，也得出了互联网金融对传统金融的风险溢出效应。限于数据的可得性，本书没有将传统金融中的代表性行业，比如银行、证券、保险等分别与互联网金融进行风险溢出关系的研究，现有的实证结论略显单薄，需要进行更多的实证研究予以充分支撑。

第二章　国内外研究综述

互联网金融的迅速发展引起了国内外学术界的高度关注，并从不同视角对互联网金融展开了深入研究，积累了丰富的材料，取得了显著的成果。因此，全面回顾和梳理互联网金融的虚拟性和风险的相关研究，有助于清晰认识学术界在这些问题上的研究成果、最新进展以及存在的不足，从而为本书的研究提供有益的借鉴和积极的指向。

第一节　互联网金融虚拟性的相关研究

互联网金融虚拟性是融合了金融虚拟性和互联网虚拟性之后形成的双重虚拟性。回顾互联网金融虚拟性的相关研究，应当先梳理国内外学者对金融虚拟性和互联网虚拟性的研究成果，然后再对互联网金融虚拟性的相关研究进行系统分析，这有助于更加全面地掌握学术界对互联网金融虚拟性的研究现状。

一、金融虚拟性相关研究

（一）国内相关研究

国内学者从多个视角对金融虚拟性进行了研究，主要分为以下几个方面：

1.从研究虚拟经济的角度将金融虚拟性作为核心和根本的内容进行研究

成思危对虚拟经济的研究比较全面深入,其中就包含着研究金融虚拟性的丰富内容。比如,成思危在研究虚拟经济与1997年东南亚金融危机时指出,虚拟经济以“金融系统为主要依托”,并且虚拟经济的产生依次经历了五个阶段:闲置货币的资本化、生息资本的货币化、有价证券的市场化、金融市场的国际化、国际金融的集成化。这五个阶段可以看作是金融虚拟化逐步加深和扩大的表现,因为“货币”“生息资本”“有价证券”等都是金融所包含的主要内容。因此,他指出,“金融市场上都有成千上万个国内外投资者从事虚拟经济活动”,“虚拟经济……最大的危害是会造成金融危机”,直接表明了虚拟经济的集中表现就是金融的虚拟化,并且指出了金融虚拟化的影响。[①] 在研究虚拟经济与金融的关系时,成思危从系统工程的视角,对虚拟经济问题作了一个形象的比喻,认为“虚拟经济的产品是各种金融工具,虚拟经济的工厂是各种金融机构,虚拟经济的交换场所是各种金融市场”[②],这形象地说明了金融虚拟性的各种表现形式。对于金融虚拟性的研究方法,成思危从虚拟经济的研究方法中提出了六种方法:复杂科学方法、不确定型决策方法、群体决策方法、支持决策的复杂数据分析方法、数理金融学方法和计算机模拟方法。[③]

李晓西和杨琳探讨了虚拟经济、泡沫经济与实体经济之间的关系,认为“虚拟经济是指相对独立于实体经济之外的虚拟资本的持有和交易活动”,而虚拟资本主要包括“银行信贷信用”“有价证券”“产权”“物权”和“各种金融衍生品”等,由于“金融活动占总经济活动的比例也越来越大”,因此,虚拟经济的主体就是金融,并且要防止虚拟经济过度膨

① 参见成思危:《虚拟经济与金融危机》,载《管理科学学报》1999年第1期。

② 成思危:《虚拟经济探微》,载《南开学报(哲学社会科学版)》2003年第2期。

③ 参见成思危:《虚拟经济的基本理论及研究方法》,载《管理评论》2009年第1期。

胀导致泡沫经济，必须要加大对“金融深化”以及金融虚拟化的监管，使其与实体经济发展相适应。①

刘骏民在探究虚拟经济的理论框架及其命题时，认为虚拟经济与金融之间虽不能直接等同，但是着重强调“金融系统是最纯粹的价值系统”，故此金融系统在整个经济系统中占有必然的核心地位，金融虚拟性呈现出“虚拟经济是观念支撑的价格体系”的特征。②

白钦先和禹钟华对虚拟经济的内涵进行了再探讨，在分析虚拟经济与金融的关系时，提出了虚拟经济是“金融的一个子集”的结论，即虚拟经济是金融的组成部分，它的“实质是金融虚拟性问题”，显然，这一结论直接说明了金融虚拟性的本质。③

王爱俭对虚拟经济研究的视角比较独特，她认为虚拟经济是“预期的未来价格体系在现时的镜像”，心理预期占据核心地位，由此认为在现代发达经济体中，以股票、债券为主的金融工具是财富的主要构成，财富的多寡与受到心理预期影响的金融虚拟性密切相关。④

马艳和李韵对虚拟经济中的虚拟价值进行了深入分析，认为虚拟价值是马克思劳动价值论所不能解释但又在现实经济中发挥作用的经济要素，股票、证券（以及房地产证券化产品）等就是以虚拟价值形式存在的金融虚拟性产品。⑤

2.直接对金融虚拟性进行研究

在这些文献中，学者分析的重点又有所不同。

蒲夫生和贺小平从金融虚拟化与投资基金法律制度的关系出发，认为金融虚拟化为投资基金的产生、扩大投资对象范围、提供避险套利

---

① 参见李晓西、杨琳：《虚拟经济、泡沫经济与实体经济》，载《财贸经济》2000年第6期。

② 参见刘骏民：《虚拟经济的理论框架及其命题》，载《南开学报（哲学社会科学版）》2003年第2期。

③ 参见白钦先、禹钟华：《对虚拟经济内涵的再探讨》，载《西南金融》2007年第11期。

④ 参见王爱俭：《关于虚拟经济几个重要问题的再讨论》，载《现代财经》2008年第2期。

⑤ 参见马艳、李韵：《虚拟价值理论及现代性分析》，载《复旦学报（社会科学版）》2012年第1期。

工具、优化投资组合带来了可能与便利，但也要在权力制衡机制、信义义务制度、利益冲突防范制度方面克服金融虚拟化带来的不利影响。①

王广谦从中国金融结构的视角，认为“金融结构是指构成金融总体（或总量）的各个组成部分的规模、运作、组成与配合的状态”，它反映了金融虚拟化的程度，要十分注重金融资产质量的提高，防范金融虚拟化过度发展。②

李翀在探讨金融虚拟化及其运行机制时，提出了“虚拟金融”这一概念，它有两层含义：一是资金融通方式的虚拟化，也称为“电子金融”或“数字金融”；二是资金融通工具的虚拟化，也称“虚构金融”，它是金融虚拟化的起点。③

王兆刚从经济全球化的视角考察了金融虚拟化的条件，认为快速推进的经济全球化不是金融虚拟化过分增强的充分条件，而是国际货币、金融制度的相对滞后导致了过度增强的金融虚拟化，必须转换金融发展观，约束金融虚拟性过度化倾向。④

白钦先和徐爱田为金融虚拟性下了明确的定义：“所谓的金融虚拟性，乃是指金融尤其是金融上层所表现出的超越于实体经济界限的规范性、本质性特征或状态。”并从静态与动态两个角度就金融虚拟性进行了详细阐述。⑤

常海中和杜欣考察了金融虚拟性的三个发展阶段：低度虚拟阶段是货币名义价值与实际价值分离，中度虚拟出现在金融市场自循环系统形成过程中，高度虚拟阶段的表现是金融衍生工具兴起并盛行。⑥

---

① 参见蒲夫生、贺小平：《论金融虚拟化、自由化和一体化与投资基金法律制度》，载《兰州大学学报（社会科学版）》2002 年第 3 期。

② 参见王广谦：《中国金融发展中的结构问题分析》，载《金融研究》2002 年第 5 期。

③ 参见李翀：《论金融的虚拟化及其运行机制》，载《教学与研究》2002 年第 11 期。

④ 参见王兆刚：《论经济全球化与金融虚拟性》，载《金融论坛》2003 年第 8 期。

⑤ 参见白钦先、徐爱田：《金融虚拟性命题及其理论渊源》，载《辽宁大学学报（哲学社会科学版）》2004 年第 4 期。

⑥ 参见常海中、杜欣：《金融虚拟化演进考》，载《广东金融学院学报》2007 年第 1 期。

为了深刻揭示金融虚拟化过度造成的负面影响，白钦先和谭庆华对美国次贷危机进行了反思，认为金融虚拟化为美国次贷危机提供了基础条件，必须从中吸取教训，把握好金融虚拟的“度”，树立包括防范金融风险与危机在内的“大金融”意识。①

刘俊奇和房红从金融虚拟化的视角，在分析美国次贷危机成因时主要利用4个指标，即美国GDP增长率与美国股票指数之间的背离关系、金融相关比率、美国M3指数、美国金融产业对外直接投资占GDP百分比，证明美国金融虚拟化过高是次贷危机爆发的重要原因。②

李建建和乔臣从金融虚拟性视角解读经济危机时，认为虚拟性渗透最为突出的领域就是金融，并且在经济全球化和虚拟化的背景下，虚拟性对金融的渗透速度越发呈现出层层递进、几何级数膨胀的趋势，主要表现就是无限创新的金融衍生品。③

3.从符号经济的视角对金融虚拟性进行研究

张晓晶认为金融与符号经济之间不存在本质的区别，只是两者描述的重点不同：金融侧重对功能的描述，而符号经济侧重对形式的描述，并且符号经济逐渐偏离了实体经济，借助金融衍生工具产生了极致的“异化”，即高度虚拟。④ 2002年，张晓晶在其著作《符号经济与实体经济——金融全球化时代的经济分析》中阐述了符号经济的三个特征：第一，符号经济是一种索取权证书，人们凭此可获得未来的现金流；第二，此现金流可变现，可交换；第三，一般都有一个符号化的载体，电子符

① 参见白钦先、谭庆华：《金融虚拟化与金融共谋共犯结构——对美国次贷危机的深层反思》，载《东岳论丛》2010年第4期。

② 参见刘俊奇、房红：《基于金融虚拟性理论的美国次贷危机成因分析》，载《沈阳工业大学学报(社会科学版)》2011年第1期。

③ 参见李建建、乔臣：《金融虚拟化背景下经济危机的解读与应对》，载《福建师范大学学报(哲学社会科学版)》2011年第3期。

④ 参见张晓晶：《试论符号经济与实体经济的关联》，载《中国人民大学学报》1996年第2期。

号、纸制符号或其他。[①] 由此可见，这与金融并无区别，探讨符号经济的虚拟性就是探讨金融的虚拟性。

梁东黎以实体经济和符号经济相互影响为分析框架，考察了膨胀转为衰退的机制，从交易方式的角度将符号经济定义为“有价证券的交易”，实体经济是“产品(含服务)的交易”，可见，符号经济是金融虚拟工具的一部分。[②]

李乐和毛道维从符号经济系统和实体经济系统互动的视角，认为符号经济系统与实体经济系统之间的流动性失衡是金融危机的本质，为防范信用过度扩张造成的流动性危机，在设计金融产品时必须坚持“资金转移及分配”和“风险转移及分配”相分割的原则，严控金融虚拟性的过度膨胀。[③]

4.从实证的角度对金融虚拟性进行研究

黄正新将金融相关率、马歇尔K值系数、市盈率比率、Q值等四个指标作为泡沫经济的测度指标，因为泡沫经济来源之一是“产生于……股票、债券、期货和其他金融衍生资产的价格暴涨暴跌”，因此这四个指标也可以作为测度金融虚拟性的指标。[④]

沈军提出以“直接金融与间接金融的比例(DIP)”“股票总市值与GDP的比例(STO)”“金融衍生程度(FTP)”作为测算中国金融虚拟性的指标，并基于中国2007～2009年的数据对金融虚拟性与金融体系效率进行了实证研究，结果表明：得益于金融开放，中国金融虚拟性得到

---

① 参见张晓晶：《符号经济与实体经济——金融全球化时代的经济分析》，上海人民出版社2002年版，第3页。

② 参见梁东黎：《膨胀转为衰退的机制：实体经济和符号经济相互影响的分析框架》，载《南京社会科学》2010年第3期。

③ 参见李乐、毛道维：《流动性平衡、价值创造及金融产品设计原则——基于符号经济系统和实体经济系统互动的视角》，载《财经科学》2010年第5期。

④ 参见黄正新：《关于泡沫经济及其测度的几个理论问题》，载《金融研究》2002年第6期。

提升，并且已经进入上升期，但是与金融体系效率不存在因果关系。①

房红以货币和准货币增长率、金融相关比率、银行部门提供的国内信贷占 GDP 的百分比、股票交易总额占 GDP 的百分比等四个指标作为金融虚拟性的衡量指标，并就金融虚拟性对银行脆弱性的影响进行了实证研究，结果显示银行脆弱性与金融虚拟性有正向关系。②

（二）国外相关研究

国外学者对金融虚拟性的研究源远流长，众多知名学者从不同视角探究了金融虚拟性，提出了许多有见地的思想。

1.从货币虚拟性的研究中体现出对金融虚拟性的探讨

大卫·休谟（David Hume）最早对货币虚拟性的问题进行了探讨，虽然“信用货币”并不是他那个时代的主要流通货币，但是休谟认为货币作为“劳动与商品的代表”，其内在的价值就是“虚拟价值”，显然，这种“虚拟价值”是一种“价值符号”。③

詹姆士·德纳姆·斯图亚特（James Denham Steuart）提出了“符号货币”的概念，指出“银行纸币、银行的信用、票据、债券和商人的账目记录（同国内记账给与获取的信用）是包括在‘符号货币’这一概念中的许多信用形式中的几种”④，说明他也意识到了货币虚拟性的问题。

2.对金融虚拟性的研究重点集中在“虚拟资本”（fictitious capital）方面

因为虚拟资本“仍置身于主要经济学问题的中心，流通与生产、银

① 参见沈军：《金融虚拟性与金融体系效率——来自中国的实证数据》，载《财贸经济》2009 年第 6 期。

② 参见房红：《金融虚拟性对银行脆弱性的影响——对最近两次银行危机的实证分析》，载《湖北社会科学》2013 年第 1 期。

③ 参见［日］伊藤·诚、［希］考斯达斯·拉帕维查斯：《货币金融政治经济学》，孙刚、戴淑艳译，经济科学出版社 2001 年版，第 10 页。

④ ［日］伊藤·诚、［希］考斯达斯·拉帕维查斯：《货币金融政治经济学》，孙刚、戴淑艳译，经济科学出版社 2001 年版，第 20～21 页。

行与企业之间的关系及基本的收入分配”[1]，故此，西方著名经济学家以及银行家、马克思都从不同方面进行了研究。

就西方著名经济学家以及银行家的研究来看，经济学家大卫·李嘉图(David Ricardo)、雅各布·瓦伊纳(Jacob Viner)以及银行家威廉·里瑟姆(William Leatham)都对“虚拟资本”这一概念有所论述。[2] 比如，威廉·里瑟姆指出：“融通票据，就是人们在一张流通的汇票到期以前又签发另一张代替它的汇票，这样，通过单纯流通手段的制造，就创造出虚拟资本。”[3]鲁道夫·希法亭(Rudolf Hilferding)从股份公司发展的角度论述了虚拟资本对金融寡头垄断的作用，指出：“随着财产权不断增加的集中，控制银行的虚拟资本的所有者和控制着产业的资本所有者，逐渐地变成了相同的人。就像我们已经看到的那样，当大银行对虚拟资本的支配权不断得到增强时，情况就更是如此。”[4]弗里德里希·奥古斯特·冯·哈耶克(Friedrich August von Hayek)从瓦伊纳思想中借用“虚拟资本”的概念来解释经济危机，认为银行信用增加的产物就是虚拟资本，会使资本市场发生扭曲。[5]

马克思并没有直接关于金融虚拟的相关论述，但是他对虚拟资本的理论有深入研究，这对理解金融虚拟性具有重要的理论启迪意义。在《资本论》第三卷中，马克思对虚拟资本的内涵、产生、形式、特点、市场价值、同实体资本的关系等进行了深入分析。

对于虚拟资本的内涵，马克思认为：“虚拟资本，生息的证券，在它们本身是作为货币资本而在证券交易所内流通的时候，也是如此。”[6]

---

① [美]彼得·纽曼·默里·米尔盖特尔、[英]约翰·伊特维尔：《新帕尔格雷夫货币金融大辞典》第2卷，北京大学经济学院金融学系译，经济科学出版社2000年版，第23页。

② 参见常海中：《金融虚拟性演进及其正负功能研究》，辽宁大学博士学位论文，2007年，第3页。

③ 转引自马克思：《资本论》第3卷，人民出版社2004年版，第451页。

④ [奥]鲁道夫·希法亭：《金融资本》，李琼译，华夏出版社2017年版，第259页。

⑤ 参见李宝伟：《经济虚拟化与政府对金融市场的干预》，南开大学出版社2005年版，第4页。

⑥ 马克思：《资本论》第3卷，人民出版社2004年版，第558页。

“人们把虚拟资本的形成叫作资本化。人们把每一个有规则的会反复取得的收入按平均利息率来计算，把它算作是按这个利息率贷出的资本会提供的收入，这样就把这个收入资本化了。”[①]因此，从马克思对虚拟资本内涵的论述可以看出，虚拟资本是在现实资本基础上衍生，又与现实资本相脱离，本身没有价值却能带来收入，以股票、债券等形式存在的资本证券。

对于虚拟资本的产生，从马克思在《资本论》中的论述来看，可总结为三点：一是货币的虚拟化是虚拟资本产生的前提。因为“货币是资本的最初的表现形式”，随着社会经济的发展，货币本身也逐渐虚拟化，“真正的信用货币不是以货币流通（不管是金属货币还是国家纸币）为基础，而是以汇票流通为基础”[②]。二是借贷资本信用关系是虚拟资本产生的根据。借贷资本关系使得“资本是一个自行增殖的自动机的观念就牢固地树立起来了”[③]。三是社会信用制度的逐步完善是虚拟资本产生的基础。“随着……信用制度的发展，一切资本好像都会增加一倍，有时甚至增加两倍……这种‘货币资本’的最大部分纯粹是虚拟的。”[④]

对于虚拟资本的形式，限于时代条件，马克思主要考察了国债、股票、汇票、银行券等形式的虚拟资本，认为国债“这种资本，即把国家付款看成是自己的幼仔（利息）的资本，是幻想的虚拟的资本”[⑤]。“不管这种交易反复进行多少次，国债的资本仍然是纯粹的虚拟资本；一旦债券不能卖出，这个资本的假象就会消失。”[⑥]“银行家资本的最大部分纯粹是虚拟的，是由债权（汇票）、国家证券（它代表过去的资本）和股票（对

① 马克思：《资本论》第3卷，人民出版社2004年版，第528～529页。
② 马克思：《资本论》第3卷，人民出版社2004年版，第451页。
③ 马克思：《资本论》第3卷，人民出版社2004年版，第529页。
④ 马克思：《资本论》第3卷，人民出版社2004年版，第533页。
⑤ 马克思：《资本论》第3卷，人民出版社2004年版，第527页。
⑥ 马克思：《资本论》第3卷，人民出版社2004年版，第527页。

未来收益的支取凭证)构成的。"[①]由于"银行券无非是向银行家开出的、持票人随时可以兑现的、由银行家用来代替私人汇票的一种汇票"[②],故此银行券也是虚拟资本。

对于虚拟资本的特点,从马克思的相关论述中可归纳为四个特点:一是虚拟性,"所有这些证券实际上都只是代表已积累的对于未来生产的索取权或权利证书,它们的货币价值或资本价值,或者像国债那样不代表任何资本,或者完全不决定于它们所代表的现实资本的价值"[③]。二是投机性,虚拟资本"投机的性质,因为它不是由现实的收入决定的,而是由预期得到的、预先计算的收入决定的"[④]。这使得"少数人越来越具有纯粹冒险家的性质"[⑤],"在这种赌博中,小鱼为鲨鱼所吞掉,羊为交易所的狼所吞掉"[⑥]。三是寄生性,虚拟资本"它再生产出了一种新的金融贵族,一种新的寄生虫,——发起人、创业人和徒有其名的董事"[⑦]。四是高风险性,虚拟资本"在再生产过程的全部联系都是以信用为基础的生产制度中,只要信用突然停止,只有现金支付才有效,危机显然就会发生"[⑧],表明虚拟资本蕴含着高风险。

对于虚拟资本的市场价值,马克思认为虚拟资本的市场价值"不决定于它们所代表的现实资本的价值"[⑨],而是"由预期得到的、预先计算的收入决定的"[⑩],并且"会随着它们有权索取的收益的大小和可靠程度

---

① 马克思:《资本论》第3卷,人民出版社2004年版,第532页。
② 马克思:《资本论》第3卷,人民出版社2004年版,第454页。
③ 马克思:《资本论》第3卷,人民出版社2004年版,第531页。
④ 马克思:《资本论》第3卷,人民出版社2004年版,第530页。
⑤ 马克思:《资本论》第3卷,人民出版社2004年版,第498页。
⑥ 马克思:《资本论》第3卷,人民出版社2004年版,第498页。
⑦ 马克思:《资本论》第3卷,人民出版社2004年版,第497页。
⑧ 马克思:《资本论》第3卷,人民出版社2004年版,第555页。
⑨ 马克思:《资本论》第3卷,人民出版社2004年版,第531页。
⑩ 马克思:《资本论》第3卷,人民出版社2004年版,第530页。

而发生变化”[①]，“和利息率成反比”[②]等，还会受到市场状况的影响，因为“在货币市场紧迫的时候，这种有价证券的价格会双重跌落：第一，是因为利息率提高，第二，是因为这种有价证券大量投入市场，以便实现为货币”[③]。

对于虚拟资本与实体资本的关系，马克思认为，二者的联系在于，实体资本是虚拟资本的基础和依托，虚拟资本是实体资本的“纸制复本”[④]；区别在于，虚拟资本的运动具有独立于实体资本的特性，形成自我周转和循环。

3.从泡沫经济和符号经济的视角考察金融虚拟性的影响

日本学者三木谷良一认为：“所谓泡沫经济就是资产价格（具体指股票与不动产价格）严重偏离实体经济（生产、流通、雇用、增长率等）暴涨，然后暴跌这一过程。”[⑤]这实际上也说明了金融虚拟性过度发展的危害。

彼得·费迪南·德鲁克（Peter Ferdinand Drucker）认为符号经济和实体经济是整个经济系统的两个组成部分，但是代表金融活动的符号经济独立于实体经济，并且规模越来越大于实体经济，“世界上产品贸易量比以前任何时间都要大，而且大得多……但是……世界金融机构相互借贷……至少25倍于世界贸易额”[⑥]，体现了金融虚拟性的极大膨胀性。

① 马克思：《资本论》第3卷，人民出版社2004年版，第530页。

② 马克思：《资本论》第3卷，人民出版社2004年版，第530页。

③ 马克思：《资本论》第3卷，人民出版社2004年版，第530页。

④ 马克思：《资本论》第3卷，人民出版社2004年版，第540页。

⑤ ［日］三木谷良一：《日本泡沫经济的产生、崩溃与金融改革》，高圣智译，载《金融研究》1998年第6期。

⑥ ［美］彼得·德鲁克：《管理的前沿》，许斌译，企业管理出版社1988年版，第38页。

二、互联网虚拟性相关研究

（一）国内相关研究

随着互联网日新月异的发展，国内学者也在不断变换角度对互联网虚拟性进行深入研究。

1.关于互联网虚拟性影响的研究

乌家培在这一方面研究比较深入和广泛。比如，乌家培在研究网络革命与网络经济学时，指出网络革命创造的网络空间将政府、企业、家庭和个人链接在一个计算机网络空间中，方便彼此随时随地进行联络，从而为虚拟现实（virtual reality）提供了一个广阔的舞台。[①] 乌家培进一步详细探讨了网络虚拟性对经济的各种影响，认为网络经济具有应用互联网而产生的虚拟化特点，促进了经济全球化进程，革新了全社会的生产、流通、分配、消费方式，推动了虚拟企业、网络市场、网络消费等的产生，特别是金融对互联网虚拟性的反应最为灵敏，在互联网虚拟环境中开展金融服务、创造金融产品、建立金融企业是一个全新的课题。[②] 除了探究互联网虚拟性对经济的影响之外，乌家培还对互联网虚拟性对多种经济理论的影响进行了分析，认为互联网虚拟空间中运行的经济活动都是虚拟经济，经济的虚拟性源于互联网的虚拟性，并基于这一认识详细论述了互联网虚拟性对生产力要素理论、边际效益递减理论、规模经济理论、通货膨胀率与失业率此消彼长理论、经济周期波动理论所带来的深刻影响。[③]

王璨运用马克思主义资本循环和周转理论辩证分析了互联网虚拟性对经济的影响，指出互联网虚拟性的积极作用是，通过流通环节的减

① 参见乌家培：《网络革命与网络经济学》，载《经济学动态》1996年第11期。

② 参见乌家培：《发展网络经济 改进经济治理——“网络经济与经济治理国际研讨会”综述》，载《经济学动态》2001年第7期。

③ 参见乌家培：《网络经济及其对经济理论的影响》，载《学术研究》2000年第1期。

少降低交易成本，大幅度降低实体经济获取信息的成本，促进实体经济持续创新，消极作用是导致泡沫经济成分增加，致使贫富差距扩大而产生两极分化，加大发展中国家与发达国家的差距。①

李红梅分析了互联网虚拟性对人的全面发展的影响，明确提出互联网具有虚拟性，主要表现为网络空间的虚拟性、网络行为主体身份的虚拟性、网络行为的虚拟性。她认为互联网虚拟性对人的全面发展既有促进作用，也有一定的阻抗作用，即人的虚拟异化、人与人之间的信任危机、人的思维模式化。②

李海舰等从互联网思维的视角探究了传统企业的再造问题，认为互联网虚拟性使实体企业与网络虚拟空间实现了联通、时空约束被打破、以用户为中心的异质化竞争达到极致、分工与合作模块化、个人力量得到增强等，传统企业的再造方向是打造以自组织管理、平台化运作、网络化生态、员工化用户、全球化整合、无边界发展为特点的智慧型组织。③

2.关于互联网虚拟社区、虚拟社会、虚拟社群组织的研究

刘瑛和杨伯溆在分析互联网虚拟性与虚拟社区的关系时，认为互联网兼有传统媒介所有的传播特点，又具有独特的匿名性的虚拟化特征，因此，互联网虚拟空间中的互动是真正的互动，能够产生真正的社区，可提供真正意义上的社区联系，构建完全脱离于现实社区之外的虚拟社会空间，逐渐淡化人们之间的现实社会联系并逐步形成虚拟社会关系，使虚拟社会最终取代现实社区。④

范立国和王红斌在研究互联网虚拟社会的现实管理问题时指出，

---

① 参见王璨：《从马克思主义资本循环和周转理论看网络经济》，载《长沙铁道学院学报(社会科学版)》2002年第2期。

② 参见李红梅：《网络虚拟性对人的全面发展的阻抗》，载《兰州学刊》2009年第11期。

③ 参见李海舰、田跃新、李文杰：《互联网思维与传统企业再造》，载《中国工业经济》2014年第10期。

④ 参见刘瑛、杨伯溆：《互联网与虚拟社区》，载《社会学研究》2003年第5期。

互联网虚拟性使虚拟社会呈现出四个特性，即网络行为显著的虚拟性、虚拟空间的开放性和纷杂交互性、用户群体结构的独特性和管理的自治性、宽泛的自由性和即时性，引发了一系列对国家安全、社会稳定不利的问题，为此，必须从立法、管理队伍、技术手段、安全教育、舆情控制等五个方面完善互联网虚拟性的现实化管理。①

徐晓林分析了互联网虚拟社会的特征与管理，将互联网虚拟社会的特征归纳为虚拟、移动、融合、泛在、个性、膨胀等六大特征，认为互联网虚拟社会在用户体验和草根话语权方面同现实社会有差异，不过两类社会的主题特征会逐渐趋同，行为最终同步互动，但是互联网虚拟社会面临巨大的政治风险，如恶性网络群体性事件会危及社会稳定和政治安全。②

曾润喜等基于国际研究视角，围绕互联网治理、互联网对中国社会和政治等方面的影响、中国互联网虚拟社会管理的模式，全面梳理了国际学术界关于中国互联网虚拟社会治理的研究成果，并分析了中外在虚拟社会治理理念或手段方面存在的明显差异，认为要建立符合中国国情的互联网虚拟社会的治理理念、模式和方式。③

申小蓉等以“保研论坛”为案例，通过两个维度（认知、情感）、三个变量（活跃度、忠诚度、贡献率）、六个测量指标（发帖、登录频率、离群率、类群意识、原创帖、主题活动），对互联网虚拟社群组织文化认同进行了探讨，研究发现：在互联网虚拟社群中，成员之间的互动行为可以提升自我认同感，确立个人身份认知；成员对虚拟社群的忠诚和贡献有助于强化对社群的情感认同度。同时，这两者都有助于提高对虚拟社

---

① 参见范立国、王红斌：《网络虚拟社会的现实化管理问题研究》，载《东北师大学报（哲学社会科学版）》2010 年第 6 期。

② 参见徐晓林：《互联网虚拟社会的特征与管理》，载《电子政务》2011 年第 9 期。

③ 参见曾润喜、郑斌、张毅：《中国互联网虚拟社会治理问题的国际研究》，载《电子政务》2012 年第 9 期。

群的文化认同。[①]

3.关于互联网虚拟性其他方面的研究

马艳和郭白滢从理论与实证的角度研究了网络经济虚拟性，指出网络经济中生产方式的复制性、规模性、共享性是网络经济虚拟性的具体表现，认为网络经济的根本特征就是这三种特性，网络虚拟价值的产生即来源于此，同时利用实证分析得出结论：网络虚拟价值与网络经济的规模正相关，且存在临界规模。[②] 在此基础上，马艳等对互联网空间进行了分析，认为互联网空间过滤了整个社会，在经济上是一种特殊的虚拟商品，从生产、分配、交换和消费四个过程分析了其价值特征，在地租理论和虚拟价值理论基础上构建了互联网空间的虚拟价值模型，并且以阿里巴巴为例说明互联网空间蕴含的巨大虚拟价值。[③]

余涛等在探究未来互联网虚拟化时，分别从互联网体系结构和实验平台两方面对现有相关研究进行归纳分析，提出互联网虚拟化既可以用于基底网络，也可以用于互联网体系结构，这两种类型的互联网虚拟化会在未来互联网虚拟化的演进中发挥重要作用，并且需要各个网络领域的研究人员开展合作克服各种挑战，才能使未来互联网虚拟化更有前景。[④]

梁萌从技术变迁的视角分析了互联网虚拟团队中的劳动过程，提出互联网虚拟团队劳动过程在“横虚纵实”的组织实践中存在双重矛盾：既有工程师文化，该文化体现为平等、自由与合作，它是互联网虚拟团队的文化基础；也有科层管理，体现为个体利益为先和等级特征。两

---

① 参见申小蓉、贺小培、杨菁：《互联网虚拟社群组织文化认同研究——以“保研论坛”为例》，载《西南民族大学学报(人文社会科学版)》2014年第5期。

② 参见马艳、郭白滢：《网络经济虚拟性的理论分析与实证检验》，载《经济学家》2011年第2期。

③ 参见马艳、蔡民强、王宝珠、张思扬：《互联网空间的虚拟价值理论分析》，载《广义虚拟经济研究》2016年第1期。

④ 参见余涛、毕军、吴建平：《未来互联网虚拟化研究》，载《计算机研究与发展》2015年第9期。

者对互联网虚拟团队中劳动的合作与分化有重要影响。[①]

（二）国外相关研究

互联网兴起于国外，因此，国外学者对互联网虚拟性的研究也比较深入，可以归纳为以下几个方面：

1.关于互联网虚拟性含义的研究

中尾昭弘（Akihiro Nakao）将互联网虚拟化定义为一种技术，该技术通过互联网虚拟性分割计算和网络资源，并将其分配给虚拟网络，使其可容纳多个相互独立、可以编程的虚拟网络。[②]

莫斯哈拉夫·卡比尔·乔杜里（N. M. Mosharaf Kabir Chowdhury）和拉乌夫·布特巴（Raouf Boutaba）使用虚拟化之后的网络状态来描述互联网虚拟性，将互联网虚拟性视为一种环境，多个服务提供者可以在这一环境中分享基础设施提供者的资源，从而在基底网络上同时创建多个异构的、保持彼此隔离的虚拟网络。[③]

王安静等认为互联网虚拟化是对一组网络资源所进行的任意形式分割或组合，经过抽象的这组资源在提供给多个用户时，每个用户所得到的那部分经过分割或组合后的资源，具有独立于其他用户的唯一网络视图，并且这组网络资源无论是基本的（例如节点和链路）还是派生的（例如网络拓扑），都可以递归地虚拟化。[④]

2.关于互联网虚拟市场与实体市场之间关系的研究

亚尼斯·巴科斯（J. Yannis Bakos）从网络外部性、规模效应以及不确定性的视角比较了互联网虚拟市场与实体市场之间的形式差异，认

① 参见梁萌：《技术变迁视角下的劳动过程研究——以互联网虚拟团队为例》，载《社会学研究》2016年第2期。

② Akihiro Nakao, "Network Virtualization as Foundation New Network Architectures and Applications," *IEICE Transactions on Communications*, Vol.E93-B, No.3, March 2010, pp.454-457.

③ N. M. Mosharaf Kabir Chowdhury and Raouf Boutaba, "A Survey of Network Virtualization," *Computer Networks*, Vol.54, No.5, April 2010, pp.862-876.

④ Anjing Wang, et al., "Network Virtualization: Technologies, Perspectives and Frontiers," *Journal of Lightwave Technology*, Vol.31, No.4, February 2013, pp.523-537.

为虚拟市场存在“定制”与“捆绑”两个重要手段，其中，企业在市场激烈的竞争中可以依靠“定制”手段稳定产品的市场需求，“捆绑”则使消费者的支付意愿提高。[①]

李浩根(Ho Geun Lee)和西奥多·克拉克(Theodore H. Clark)从互联网虚拟市场的功效出发，指出信息的搜集、传递和处理效率在虚拟市场环境下得到了提高，但是市场的不确定性也在提高，从而使市场交易的可能性降低。[②]

罗曼·布兰德韦纳(Roman Brandtweiner)和阿诺·沙尔(Arno Scharl)认为市场参与者的地位在互联网虚拟市场中更趋于平等化，因为互联网虚拟市场清除了各种阻碍市场参与者地位不平等的因素，并且将虚拟市场与“东方集市”进行了对比。[③]

3.关于互联网虚拟社群组织的研究

罗姆(C. Romm)等具体分析了互联网虚拟社群的特征，指出互联网虚拟社群在信息技术架构的基础上聚合了志同道合的大批成员，具有摆脱时空约束、拥有内聚力和广泛认同感的特征。[④]

约翰·哈格尔(John Hagel)探析了互联网虚拟社群的文化，指出互联网虚拟社群的纽带是成员之间的爱好和兴趣，从表面上看，成员进出虚拟社群比较自由，但其内在是具有一定行为契约、心理认同和组织规

---

① J. Yannis Bakos, "Information Links and Electronic Marketplaces: Implications of Interorganizational Information Systems in Vertical Markets," *Journal of Management Information Systems*, Vol.8, No.2, 1991, pp.31-52.

② Ho Geun Lee and Theodore. H. Clark, "Market Process Reengineering Through Electronic Market Systems: Opportunities and Challenges," *Journal of Management Information Systems*, Vol. 13, No. 3, 1996, pp.113-136.

③ Roman Brandtweiner and Arno Scharl, "An Institutional Approach to Modeling the Structure and Functionality of Brokered Electronic Markets," *International Journal of Electronic Commerce*, Vol.3, No.3, 1999, pp.71-88.

④ C. Romm, et al., "Virtual Communities and Society: Toward an Integrative Three Phase Model," *International Journal of Information Management*, Vol. 17, No. 4, August 1997, pp.261-270.

范的文化社群。①

霍华德·莱茵戈德(Howard Rheingold)分析了互联网虚拟社群组织的形成,认为互联网构建了虚拟空间,使人们之间的交往可以跨越时间、空间的限制,产生了一种受用户非常青睐、同传统社群有重大差别的“网络社群”。②

4.关于互联网虚拟社会治理的研究

一种研究视角认为互联网虚拟社会的治理是一种协商的过程,如欧内斯特·威尔逊(Ernest J. Wilson Ⅲ)将互联网虚拟社会的治理看作是政府、研发机构、私营部门、公民社会等四部分的协商过程,体现了协商民主的多种维度:公共问题讨论、平等、理性批判、跨意识形态质疑、思想互惠等。③

另一种研究视角认为互联网虚拟社会的治理是一种公共领域的治理,如林肯·达尔伯格(Lincoln Dahlberg)、斯帕克斯(C. Sparks)等从尤尔根·哈贝马斯(Jürgen Habermas)的有关思想出发,认为互联网在公共领域的形成过程中有重要作用,比如互联网可以提供电子邮件、即时聊天、讨论网站等多种交流形式,为公民参与公共生活提供了多种机会,并且扩大了公共领域。④

---

① John Hagel, “Net Gain: Expanding Markets Through Virtual Communities,” *Journal of Interactive Marketing*, Vol.13, No.1, 1999, pp.55-65.

② Howard Rheingold, *The Virtual Community: Homesteading Electronic Frontier*, Cambridge: MIT Press, 2000, pp.261-270.

③ Ernest J. Wilson Ⅲ, “What is Internet Governance and Where Does It Come From,” *International Public Policy*, Vol.25, No.1, 2005, pp.29-50.

④ Lincoln Dahlberg, “The Internet and Democratic Discourse: Exploring the Prospects of Online Deliberative Forums for Extending the Public Sphere,” *Information, Communication and Society*, Vol.4, No.4, 2001, pp.615-633;C. Sparks, *The Internet and the Global Public Sphere*, London: Cambridge University Press, 2001, pp.75-95.

三、互联网金融虚拟性相关研究

（一）国内相关研究

自2012年以来，互联网金融在我国获得了快速发展，无论从规模还是质量上看都有显著的提升，这引起了学术界的高度关注。国内学者主要从互联网金融的内涵、模式、影响、未来发展等几个方面对互联网金融虚拟性进行了全方位、多层次的深入研究。

1.关于互联网金融的内涵

目前，国内学者对互联网金融的含义还没有统一明确的表述。

陶娅娜认为，互联网金融是传统金融行业同以互联网为主的现代科技尤其是云计算、数据挖掘、移动支付、社交网络、搜索引擎等相结合而产生的新兴领域，即依靠移动通信技术、互联网技术实现信息中介、资金支付和融通的新金融。①

王达从影子银行的视角，认为互联网金融是影子银行的重要组成部分，其内涵从狭义上讲，互联网金融是指依靠互联网技术实现资金融通功能的行为、工具、机构以及市场的统称；从广义上讲，一切运用互联网技术并彰显互联网基本精神的金融业态都可以归为互联网金融范畴。②

皮天雷和赵铁认为互联网金融的核心内涵是“只要是数据流过的地方，任何金融产品都可以被‘制造’”，基于这一逻辑，互联网金融就是金融功能和互联网技术有机结合，在开放的互联网平台上依靠云计算和大数据所形成的功能化金融业态及其服务体系。③

李佳基于功能观的视角，认为界定“互联网金融”时要更多体现“金

---

① 参见陶娅娜：《互联网金融发展研究》，载《金融发展评论》2013年第11期。

② 参见王达：《影子银行演进之互联网金融的兴起及其引发的冲击——为何中国迥异于美国？》，载《东北亚论坛》2014年第4期。

③ 参见皮天雷、赵铁：《互联网金融：范畴、革新与展望》，载《财经科学》2014年第6期。

融的本质与功能”，由于目前互联网金融还只是复制传统金融的功能，因此，互联网金融是依靠互联网平台发挥传统金融资金融通功能的金融业态。①

王国刚和张扬对互联网金融的概念进行了辨析，认为中国当前所热议的互联网金融，主要是指由网商借助互联网进行的商品交易等所延伸扩展出来的金融活动，概念上具有局限性，因此，以“网商金融”给予界定可能更为准确。②

孙国茂从广义和狭义两个角度分析互联网金融的本质时认为，互联网金融在广义上看是涵盖传统金融业务的网络化服务；从狭义上看，互联网金融本质上是金融业务模式与互联网技术之间全面系统的关联、交互、延展、创新，并体现互联网精神的一种新的金融业态。③

谢平等提出互联网金融是一个谱系概念，这一谱系涵盖所有金融交易和组织形式，它们受到互联网技术和精神的影响，介于传统交易所、银行、保险、证券等金融中介和市场与瓦尔拉斯一般均衡对应的无金融中介或市场之间。④

2.关于互联网金融模式的划分

谢平和邹传伟最早提出了“互联网金融模式”这一概念，认为互联网科技对传统金融模式带来了颠覆性影响，产生了一种既不是商业银行间接融资也不是资本市场直接融资的属于“第三种”的新融资模式，即互联网金融模式，并对其支付方式、信息处理和资源配置进行了系统研究。⑤

周宇从推进主体的角度将互联网金融业态划分为三类：一是金融

---

① 参见李佳：《互联网金融对传统银行业的冲击与融合——基于功能观的讨论》，载《云南财经大学学报》2015 年第 1 期。

② 参见王国刚、张扬：《互联网金融之辨析》，载《财贸经济》2015 年第 1 期。

③ 参见孙国茂：《互联网金融：本质、现状与趋势》，载《理论学刊》2015 年第 3 期。

④ 参见谢平、邹传伟、刘海二：《互联网金融的基础理论》，载《金融研究》2015 年第 8 期。

⑤ 参见谢平、邹传伟：《互联网金融模式研究》，载《金融研究》2012 年第 12 期。

机构进行的互联网交易，比如手机银行等业务，它是传统金融交易方式的电子化和网络化；二是互联网企业提供的诸如第三方支付、众筹等金融业务；三是电子商务企业与不同种类金融机构合作而产生的余额宝等新兴业态。①

王曙光和张春霞强调中国互联网金融模式是“C2C”（Copy to China），既吸收发达国家经验，又有自己的创新与发展，并根据互联网金融模式业务功能的不同将其分为支付平台型、理财平台型、融资平台型以及服务平台型。②

张晶综合国内外文献，将互联网金融概括为“两维度、三层次”的业务模式，即从金融业基本功能、提供金融服务的机构主体等两个维度，互联网金融可分为互联网居间服务、传统金融服务的互联网延伸、互联网金融服务等三个层次。③

郑联盛结合国内外互联网金融发展经验，将其分为四个大类，即传统金融业务互联网化、第三方支付及其运行机制、互联网信用业务及其运行机制、互联网虚拟货币，还特别指出存在“互联网金融异化业务”这一特别模式。④

吴晓求从金融功能和互联网平台两个核心要素出发，将互联网金融归纳为四大类：（1）第三方支付，包括移动支付和互联网支付；（2）网络融资，包括小微贷款和消费贷款、P2P 贷款、众筹；（3）网络投资，包括 P2P 贷款和众筹资金提供者、网上货币市场基金；（4）网络货币。⑤

---

① 参见周宇：《互联网金融：一场划时代的金融变革》，载《探索与争鸣》2013 年第 9 期。

② 参见王曙光、张春霞：《互联网金融发展的中国模式与金融创新》，载《长白学刊》2014 年第 1 期。

③ 参见张晶：《互联网金融：新兴业态、潜在风险与应对之策》，载《经济问题探索》2014 年第 4 期。

④ 参见郑联盛：《中国互联网金融：模式、影响、本质与风险》，载《国际经济评论》2014 年第 5 期。

⑤ 参见吴晓求：《互联网金融：成长的逻辑》，载《财贸经济》2015 年第 2 期。

3.关于互联网金融的影响

宫晓林深入分析了互联网金融在战略、定价、客户渠道、金融脱媒、融资等方面对传统商业银行的影响，认为短期内互联网金融不会动摇商业银行传统的盈利方式和经营模式，但从长远看，商业银行要积极利用互联网金融增强自身发展。①

刘澜飚等乐观地认为互联网金融与传统金融之间不是竞争关系，互联网金融还不足以对传统金融构成较大威胁，传统金融亦可以借助互联网技术和模式，扩大服务领域和受众，提升自身服务和效率，因此，二者存在较大融合空间。②

刘越等强调互联网金融与传统商业银行之间是互补关系，因为当前互联网金融对传统金融的冲击有限，只是未来有可能颠覆传统金融发展模式，商业银行不得不优化传统运营模式，二者竞争的焦点是尽可能多地获取信用数据，赢得更多客户。③

徐洁等研究了互联网金融对小微企业融资模式创新的影响，指出互联网金融这一新型融资模式具有针对性、便捷性、普惠性等特征，可以通过大众筹资融资模式、基于大数据的小额贷款融资模式、电子金融机构一门户融资模式、点对点融资模式解决小微企业融资难的问题。④

曹凤岐指出互联网金融是金融运营方法、金融理念、金融模式的创新，给传统金融带来很大挑战和竞争压力，打破了传统金融的垄断地位，同时也给传统金融注入了新的活力，带来了新的理念，催生了二者新的合作与融合。⑤

---

① 参见宫晓林：《互联网金融模式及对传统银行业的影响》，载《南方金融》2013 年第 5 期。

② 参见刘澜飚、沈鑫、郭步超：《互联网金融发展及其对传统金融模式的影响探讨》，载《经济学动态》2013 年第 8 期。

③ 参见刘越、徐超、于品显：《互联网金融：缘起、风险及其监管》，载《社会科学研究》2014 年第 3 期。

④ 参见徐洁、隗斌贤、揭筱纹：《互联网金融与小微企业融资模式创新研究》，载《商业经济与管理》2014 年第 4 期。

⑤ 参见曹凤岐：《互联网金融对传统金融的挑战》，载《金融论坛》2015 年第 1 期。

沈悦和郭品基于技术溢出理论，研究发现互联网金融通过技术溢出效应使我国商业银行的全要素生产率得到显著提升，其中，大型商业银行、城市商业银行、股份制商业银行对互联网金融技术溢出的吸收能力依次增强。①

彭迪云和李阳认为互联网金融差异性竞争优势倒逼商业银行改革，但改变不了商业银行在金融体系中的主流地位，依据质参量兼容原理，两者包含同一的利益诉求和共生要素，不是零和博弈的关系，而是既有竞争也有合作的共生关系。②

江维国和李立清分析了互联网金融对新型农业经营主体融资的影响，指出众筹融资、P2P信贷融资、供应链融资、基于大数据小额贷款融资等模式能够有效弥补传统金融对新型农业经营主体支持的不足，拓宽新型农业经营主体的融资渠道。③

刘澜飚等利用实证方法考察了互联网金融对我国数量型和价格型货币政策传导有效性的影响，发现互联网金融的发展使广义货币供应量增加，广义货币乘数波动加剧，货币流通速度降低；利率及银行存贷款规模对银行同业市场利率的敏感性增强，价格型货币政策的有效性提高。④

4.关于互联网金融未来发展的预测

吴晓求对几种具体形态的互联网金融的未来发展进行了预测。比如，余额宝的基础资产目前缺乏资产证券化的条件，其未来的生存必定会受到利率市场化的冲击；P2P没有建立有效的风险对冲和甄别客户

① 参见沈悦、郭品：《互联网金融、技术溢出与商业银行全要素生产率》，载《金融研究》2015年第3期。

② 参见彭迪云、李阳：《互联网金融与商业银行的共生关系及其互动发展对策研究》，载《经济问题探索》2015年第3期。

③ 参见江维国、李立清：《互联网金融下我国新型农业经营主体的融资模式创新》，载《财经科学》2015年第8期。

④ 参见刘澜飚、齐炎龙、张靖佳：《互联网金融对货币政策有效性的影响——基于微观银行学框架的经济学分析》，载《财贸经济》2016年第1期。

风险的机制，前途变得扑朔迷离；网上销售理财产品借助成本优势，未来或许发展成为互联网金融的“表外业务”。①

皮天雷和赵铁将目前存在的互联网金融划分为互联网小微金融、互联网渠道金融、纯互联网金融，认为互联网小微金融未来可能因为银行等传统金融机构涉足小微贷款而面临巨大竞争压力，能否立足市场有待观察；互联网渠道金融的未来发展前景广阔，但是需要解决互联网技术和安全问题；纯互联网金融具有解决信息不对称问题的优势，未来可能最具持续发展能力。②

陈志武从历史发展的视角，在分析互联网金融现实的基础上探讨了其未来发展趋势，指出互联网金融当前在中国受热捧的原因主要是互联网金融突破管制提供新的投资渠道、收益率比存款利率高、政府兜底降低了风险预期，但是，互联网金融短期发展机会不会成为持久现象，随着中国市场化改革的深化，其发展热潮会逐渐退却。③

谢平与其他学者认同“互联网是金融的工具”的观点不同，认为金融可能是互联网的工具，因为互联网技术具有减少信息不对称、降低交易成本、优化金融资源配置、改良金融交易组织形式、提高风险管理效率等诸多优势，因此，互联网金融的未来发展程度依赖于互联网的发展程度。④

（二）国外相关研究

互联网与金融的结合在国外的起步比国内更早，这为国外学者研究互联网金融虚拟性提供了丰富的实践内容和现实素材。大体来讲，国外学者主要从互联网金融的缘起、业态、影响等几方面对互联网金融虚拟性进行了广泛研究。

---

① 参见吴晓求：《中国金融的深度变革与互联网金融》，载《财贸经济》2014年第1期。

② 参见皮天雷、赵铁：《互联网金融：逻辑、比较与机制》，载《中国经济问题》2014年第4期。

③ 参见陈志武：《互联网金融到底有多新》，载《新金融》2014年第4期。

④ 参见谢平：《互联网金融的现实与未来》，载《新金融》2014年第4期。

1.关于互联网金融的缘起

阿诺德·布特(Arnoud W. A. Boot)等从电子金融的视角提出,金融交易模式的合同性质会因为电子金融的出现而发生深刻改变,金融机构的特征及形式可能伴随着电子金融的发展而发生重大变化,从而对互联网金融出现的可能性进行了初步的理论探索。①

罗伯特·默顿(Robert C. Merton)持有类似观点,认为电子金融的信息搜集、处理能力对资金融通、信息挖掘和风险管理等功能的发挥有决定作用,这对解决现有用户的“金融需求”和银行所提供的“金融功能”之间的不对称问题有重要作用,因此,电子金融的未来发展空间广阔。②

富兰克林·艾伦(Franklin Allen)等认为互联网金融是新兴领域,它是传统金融行业与互联网精神相结合而成,不是简单的、一般意义的“互联网技术的金融”,而是以技术为必要支撑的“基于互联网思想的金融”。③

2.关于互联网金融的业态

在第三方支付研究方面,金大中(Dan Jong Kim)等详细介绍了eBay公司与第三方支付机构间的支付合作,并且指出,网上交易的顺利完成需要消费者保护机构、银行、信用卡授权机构等第三方机构的辅助,eBay公司鼓励消费者在进行交易时使用第三方支付,而不是直接与卖家进行交易。④

---

① Arnoud W. A. Boot, et al., "Reputation and Discretion in Financial Contracting," *American Economic Review*, Vol.83, No.5, December 1993, pp.1165-1183.

② Robert C. Merton, "Financial Innovation and the Management and Regulation of Financial Institutions," *Journal of Banking & Finance*, Vol.19, No.3/4, June 1995, pp.461-481.

③ Franklin Allen, et al., "E-Finance: An Introduction," *Journal of Financial Services Research*, Vol.22, No.1/2, 2002, pp.5-27.

④ Dan Jong Kim, et al., "A Multidimensional Trust Formation Model in B-to-C E-commerce: A Conceptual Framework and Content Analyses of Academia/Practitioner Perspectives," *Decision Support Systems*, Vol.40, No.2, August 2005, pp.143-165.

在众筹研究方面，保罗·贝勒弗拉姆(Paul Belleflamme)等指出，在众筹融资的第一阶段，消费者可以提前订购产品或对未来的利润份额进行投资，这一阶段的价格是固定的，因为生产者可能采取价格歧视的形式，通过降低价格的方式销售，尽可能筹集足够资本推动项目尽快运行。在正规销售的第二阶段，被成功资助的产品正式进入市场，此时产品价格不同于第一阶段，因为市场对筹资规模会有限制，达到限制额度后，产品价格会有所提高。①

在P2P研究方面，斯科特·索南沙因(Scott Sonenshein)等研究发现，在对贷款成功所起的作用方面，借款人的财务因素比其人口特征(如性别和种族)更重要，人口特征因素只是次要因素，它也是通过影响财务因素而间接对贷款利率和贷款成功可能性产生影响。② 李恩扬(Eunkyoung Lee)和李炳泰(Byungtae Lee)研究证实了P2P借贷模式中存在“羊群效应”，即投标的参与度越高，投标者与借款人之间的互动越多，则更容易将更多的出借人吸引到投标活动中。③

3.关于互联网金融的影响

尼古拉斯·埃克诺米迪斯(Nicholas Economides)基于网络经济学的视角，发现金融交易网络存在显著的网络外部性：流动性随着市场规模的扩大而大幅提高是正外部性，但是，负外部性随着市场规模的扩大也会显现出来，即在市场竞争中，不同金融产品交易网络形成的均衡价格信息可能被滥用。由于互联网在金融业的应用和普及，使金融业的

---

① Paul Belleflamme, et al., “Crowdfunding: Tapping the Right Crowd,” *Journal of Business Venturing*, Vol.29, No.5, September 2014, pp.585-609.

② Scott Sonenshein, et al., “How Accounts Shape Lending Decisions through Fostering Perceived Trustworthiness,” *Organizational Behavior and Human Decision Processes*, Vol.115, No.1, May 2011, pp.69-84.

③ Eunkyoung Lee and Byungtae Lee, “Behavior in Online P2P Lending: An Empirical Investigation,” *Electronic Commerce Research and Applications*, Vol.11, No.5, 2012, pp.495-503.

交易成本明显降低，金融市场规模也得到了扩展，从而会放大上述外部性。①

克拉拉·森特诺(Clara Centeno)在研究欧盟以及拟加入欧盟国家的网络银行发展状况基础上，认为网络银行具有提升顾客忠诚度、扩大市场份额、提高分销渠道的有效性、降低成本等诸多优点，因此，在推动实体经济发展方面有积极作用和重要影响。②

阿希娜·斯里瓦斯塔瓦(Abhinna Srivastava)分析了互联网金融对发展中国家的正面影响，认为互联网金融虽然处于初始阶段，但是通过降低交易成本、健全金融市场，使中国、巴西、印度等发展中国家的金融体系得到显著改善。③

第二节　互联网金融风险的相关研究

互联网金融风险是在金融风险和互联网风险相互叠加基础上形成的叠加风险。要准确掌握学术界关于互联网金融风险的相关研究，需要在全面梳理国内外学者对金融风险和互联网风险相关研究的基础上，深入分析学术界关于互联网金融风险的研究全貌，以此深化对互联网金融风险相关研究进展的把握。

一、金融风险相关研究

(一)国内相关研究

国内学者对金融风险的研究文献可谓汗牛充栋，经过全面系统梳

① Nicholas Economides, "Network Economics with Application to Finance," *Financial Markets, Institutions & Instruments*, Vol.2, No.5, December 1993, pp.88-97.

② Clara Centeno, "Adoption of Internet Services in the Acceding and Candidate Countries, Lessons from the InternetBanking Case," *Telematics and Informatics*, Vol.21, No.4, November 2004, pp.293-315.

③ Abhinna Srivastava, "The Status and Impact of E-Finance on Developing Economy," *Golden Research Thoughts*, Vol.3, No.11, May 2014, pp.1-3.

理发现，国内学者主要从金融风险的成因、特征、测度、预警、监管等几大方面对其进行了广泛研究，每一方面又从不同视角进行了深入分析。

1.关于金融风险的成因

王春峰等指出，金融风险是在资金筹措和运用过程中产生损失的可能性，它是由经济活动中的不确定性所导致的。[①]

陈守东等利用因子分析法对中国金融风险的来源进行了定量分析，结果表明宏观经济风险、金融市场风险和企业融资风险是导致金融风险产生的主要因素，并且方差贡献率显示，宏观经济风险、金融市场风险是金融风险的主要来源。[②]

冯涛和崔光庆从理论与实证角度研究了金融风险与政府投资行为，得出结论：地方政府的过度投资会降低国家整体的经济稳定性，必将导致大量的银行坏账。同时，地方政府的扩张冲动表现为对金融资源及其控制权的竞争，会破坏货币供应量的既定目标而引发通货膨胀。[③]

张晓朴对系统性金融风险的成因进行了系统分析，将其归纳为五个方面，即金融市场存在根本缺陷、金融机构的内在脆弱性、金融监管放松和难度加大、宏观经济周期和调控政策失误、市场主体的非理性，并强调各成因紧密联系而非独立存在，在引发系统性金融风险时，可能部分发挥作用，也可能同时发挥作用，要视具体情况而定。[④]

陶玲和朱迎将系统性金融风险的成因总结为内部、外部两大因素，内部因素包括资产价格波动性、市场主体的有限理性和金融的脆弱性，

---

① 参见王春峰、万海晖、张维：《金融市场风险测量的总体框架》，载《国际金融研究》1998年第9期。

② 参见陈守东、杨莹、马辉：《中国金融风险预警研究》，载《数量经济技术经济研究》2006年第7期。

③ 参见冯涛、崔光庆：《我国金融风险与政府投资行为：理论与实证分析》，载《金融研究》2007年第10期。

④ 参见张晓朴：《系统性金融风险研究：演进、成因与监管》，载《国际金融研究》2010年第7期。

外部因素包括两个主要来源,即经济周期和政策干预。因此,金融风险是内外因素共同作用的结果。①

2.关于金融风险的特征

杜厚文和樊会文认为金融风险是一种特殊的风险,因此,金融风险的主要特征表现在它是一种特殊的经济风险、特殊的动态风险、特殊的基本风险、特殊的投机风险。②

秦池江强调中国金融业除了具有信用风险、市场风险、操作风险等一般风险之外,更突出的是具有制度性特征,主要表现有:金融风险的复杂性、金融风险的隐蔽性、金融风险边界的模糊性、主权信用与商业信用的风险观念错位。③

张亦春和许文彬从分工的视角切入,指出金融风险与一般风险相比,具有潜在性、累积性、突发性、加速性、扩散性、传染性的特征,并就每一特征进行了详细解释。④

曾康霖指出金融风险的一般特性主要有可避免性、可测定性、可弥补性、可转嫁性、可分散性,并着重分析了中国金融风险的五大特性:风险的潜伏期长,风险的警觉度不够高,金融机构承受风险的能力不平衡,金融机构承受风险的临界点不明确,金融机构特别是国有金融机构分散风险的力度比较强。⑤

陈守东等对系统性金融风险的四个特征——内生性、传染性、负外部性、顺周期性进行了深入剖析,并从时间和空间两个维度,从盯市计价的交易计价规则、机构的资产负债表以及投资人恐慌心理传播三个

---

① 参见陶玲、朱迎:《系统性金融风险的监测和度量——基于中国金融体系的研究》,载《金融研究》2016 年第 6 期。

② 参见杜厚文、樊会文:《论金融风险的特征与实质》,载《经济评论》1998 年第 3 期。

③ 参见秦池江:《货币制度与货币政策风险》,载《经济学家》1999 年第 6 期。

④ 参见张亦春、许文彬:《风险与金融风险的经济学再考察》,载《金融研究》2002 年第 3 期。

⑤ 参见曾康霖:《试析金融风险、金融危机与金融安全》,载《金融发展研究》2008 年第 2 期。

渠道分别阐述了上述四个风险特征的积累、传播过程。①

方先明和孙利对近年来中国民间金融的风险特征进行了考察，其特征主要有：产生具有隐蔽性，传染具有广泛性，危害具有社会性。②

3.关于金融风险的测度

魏宇和黄登仕以上证指数高频价格时间序列的多标度分形谱(multifractal spectrum)计算为例，基于多标度分形谱的两个主要参数，构建了市场风险测度指标 R_f，并通过上证指数的实证检验证明其有效性，弥补了在非有效市场条件下传统风险测度指标的不足。③

徐炜和黄炎龙对 RiskMetrics 及 GARCH 族的 11 种模型分别在正态分布和 Skewed-t 分布下度量 VaR 值的精确程度进行了比较研究，同时对向前一步预测的 VaR 值进行了失败率检测法以及动态分位数测试，发现 Skewed-t 分布在拟合金融资产的厚尾特性方面效果较好；FIGARCH(BBM)、FIEGARCH 及 IGARCH 模型预测的 VaR 值在不同的置信水平下更加精确。④

巴曙松等指出矩阵模型、网络模型、违约率强度模型是测量系统性金融风险的一般方法，前两种方法更适合中国现实。⑤

阮永平基于多元化风险组合具有分散效应的原理，引入各类风险的“共同货币”——“经济资本”度量指标，以混业经营中的金融控股集团模式为研究对象，使用“分块法”，建立了破解金融控股集团整体层面

---

① 参见陈守东、王寅、王婷：《系统性金融风险及其防范对策研究》，载《社会科学战线》2013年第12期。

② 参见方先明、孙利：《民间金融风险：形成、传染与演化》，载《中央财经大学学报》2015年第7期。

③ 参见魏宇、黄登仕：《基于多标度分形理论的金融风险测度指标研究》，载《管理科学学报》2005年第4期。

④ 参见徐炜、黄炎龙：《GARCH 模型与 VaR 的度量研究》，载《数量经济技术经济研究》2008年第1期。

⑤ 参见巴曙松、王凤娇、孔颜：《系统性金融风险的测度方法比较》，载《湖北经济学院学报》2011年第1期。

风险度量难题的轮毂模型。①

宫晓琳使用未定权益分析方法（contingent claims analysis,CCA），通过建立国民经济机构部门层面的风险财务报表，对中国2000～2008年的宏观金融风险进行了测度，从而对监控和测度中国系统性金融风险的具体方法和理论进行了深入探讨。②

张颖和张富祥针对不同的分位数回归模型在估计VaR时的表现进行了研究，发现IGARCH-CAViaR模型对美国、日本的成熟金融市场风险演化过程的刻画更适合，而分位数回归的GARCH模型（QGARCH）在测度国内金融市场风险时效果良好。③

赵进文等从中国银行业视角通过实证研究指出，比较边际期望损失（marginal expected shortfall,MES）和条件在险价值（CoVaR）在度量金融风险时要注意应用环境和方法差异。④

4.关于金融风险的预警

何建雄在结合国情和国内外研究成果的基础上，深入分析了金融安全预警系统的基本框架、指标体系和运作机制，提出全面监测综合微观审慎指标（基础指标）、宏观审慎指标（先行指标）、市场指标（中间指标），才能发挥金融安全预警系统的有效作用。⑤

许崇正和刘雪梅在借鉴国外经验并结合中国商业银行实际的基础上，提出了商业银行金融风险预警指标体系，包含八大部分，即反映货币流通、资本风险、信贷收支、国际业务、利率风险、债券市场风险、流动

---

① 参见阮永平：《混业经营下的金融风险管理研究——一个基于经济资本的风险度量模型运用》，载《管理世界》2011年第7期。

② 参见宫晓琳：《未定权益分析方法与中国宏观金融风险的测度分析》，载《经济研究》2012年第3期。

③ 参见张颖、张富祥：《分位数回归的金融风险度量理论及实证》，载《数量经济技术经济研究》2012年第4期。

④ 参见赵进文、张胜保、韦文彬：《系统性金融风险度量方法的比较与应用》，载《统计研究》2013年第10期。

⑤ 参见何建雄：《建立金融安全预警系统：指标框架与运作机制》，载《金融研究》2001年第1期。

性风险、经营风险状况的指标体系。[①]

陈守东等基于 MS-VAR 模型，建立了货币危机、银行危机和资产泡沫危机三个金融风险预警模型，并对中国近年来金融风险变化的区制特点进行描述，发现 MSI(3)-VAR(1)模型在预警信号的发出时机以及风险的划分方面同中国实际情况吻合度较好。[②]

陈秋玲等在现有金融风险预警相关研究成果基础上，构建了一套金融风险评价指标体系，随后在各项指标预警界限基础上将金融风险预警分为Ⅰ级(安全)、Ⅱ级(基本安全)、Ⅲ级(警惕)、Ⅳ级(危险)等四个等级，并基于 BP 人工神经网络模型建立了金融风险预警模型。[③]

吴成颂结合中国国情和国内外研究成果，将金融风险的预警范围分为债务影响、银行体系、宏观经济环境、经济泡沫、外部冲击等五大方面，构建了涵盖 22 项指标的金融风险预警指标体系，在运用 AHP 赋权法对中国金融风险状况进行综合评价时发现，中国金融没有发出风险预警。[④]

5.关于金融风险的监管

江其务指出，有效金融监管要符合四条原则：一是金融监管要服从和服务于金融创新、维护金融安全、提高金融效率；二是金融监管机制必须建立在市场规律的基础上；三是金融监管要依法监管；四是金融监管不是消灭金融风险，也不可能消灭金融风险。[⑤]

黄海峰和马弘毅认为监管机制不完善以及信息不对称是中国金融风险管理面临的主要问题，要在参照国际金融系统的标准与规则、借鉴

---

① 参见许崇正、刘雪梅：《论我国商业银行金融风险预警指标体系》，载《经济问题》2002 年第 2 期。

② 参见陈守东、马辉、穆春舟：《中国金融风险预警的 MS-VAR 模型与区制状态研究》，载《吉林大学社会科学学报》2009 年第 1 期。

③ 参见陈秋玲、薛玉春、肖璐：《金融风险预警：评价指标、预警机制与实证研究》，载《上海大学学报(社会科学版)》2009 年第 5 期。

④ 参见吴成颂：《我国金融风险预警指标体系研究》，载《技术经济与管理研究》2011 年第 1 期。

⑤ 参见江其务：《论金融监管》，载《财贸经济》2001 年第 3 期。

新巴塞尔协议的金融监管机制和风险防范机制的基础上，制定符合国情的金融风险监管体系和管理标准。[①]

陈燕玲在全面回顾金融风险管理演进历史的基础上，得出对中国金融风险监管的启示，认为中国应该采取加快国有金融机构的产权制度改革、转变金融监管观念、积极推动金融市场建设等措施，提升金融风险监管水平。[②]

于维生和张志远基于构建的国际金融监管演化博弈模型，认为在后金融危机时代，中国应积极参与国际金融监管合作，推动国际金融监管体系构建和国际金融机构改革，提升中国在国际金融监管规则制定中的话语权，这对有效防范国内外金融风险意义重大。[③]

李成等实证分析了中、美、德、日四国金融监管的有效性，结论表明中国金融监管目标实现程度和宏观审慎落实程度均比较低，原因是在金融监管中央行地位不显著、金融监管的顺周期以及金融监管中过度的行政干预，因此，必须提高央行在宏观金融稳定中的地位，建立宏观经济稳定与宏观审慎监管的政策协调机制，完善金融法制和提升执法效率。[④]

（二）国外相关研究

国外金融业的发展历史悠久、形式多样、影响广泛，因此，国外学者对金融风险的认识和理解比较深刻，主要在金融风险的成因、传导、预警、监管等方面取得了丰富的研究成果。

1.关于金融风险的成因

苏吉特·查克拉沃尔蒂（Sujit Chakravorti）提出，系统性金融风险

---

① 参见黄海峰、马弘毅：《论中国金融风险管理的主要方法》，载《经济理论与经济管理》2005年第9期。

② 参见陈燕玲：《金融风险管理的演进：动因、影响及启示》，载《中央财经大学学报》2006年第7期。

③ 参见于维生、张志远：《国际金融监管的博弈解析与中国政策选择》，载《国际金融研究》2013年第1期。

④ 参见李成、李玉良、王婷：《宏观审慎监管视角的金融监管目标实现程度的实证分析》，载《国际金融研究》2013年第1期。

的来源主要有两大方面：一是金融机构之间通过业务往来而相互持有头寸；二是金融机构之间因为持有结构相似的资产组合而导致的相关性。①

欧文·费雪(Irving Fisher)提出了“债务—通缩”理论，认为企业在经济衰退期会逐步丧失偿债能力，当银行被企业拖入债务链条时，会引发通货紧缩，此时，企业会低价抛售资产以偿还债务，导致大量企业破产，最终使金融风险增大，乃至爆发金融危机。②

马库斯·布伦纳迈耶(Markus K. Brunnermeier)和拉瑟·海耶·佩德森(Lasse Heje Pedersen)对股票市场研究后指出，资金流动性紧张会使市场流动性趋于紧张，导致市场流动性产生剧烈波动，因此，金融风险因为二者的联动效应而增大，从而引发系统性金融风险。③

2.关于金融风险的传导

斯特凡·格拉赫(Stefan Gerlach)和弗兰克·斯梅茨(Frank Smets)构建了两个贸易国之间的货币危机模型，发现一国货币遭受投机攻击发生贬值时，导致贸易伙伴国的外汇储备减少，出现贸易逆差，干预外汇市场的能力减弱，从而使金融风险跨国传导。④

梅利索·博希亚(Melisso Boschia)和阿迪蒂亚·戈恩卡(Aditya Goenka)基于第二代“多重均衡—自我实现危机模型”的角度，将投资者的资产组合配置策略加入第二代货币危机理论中，对投资者风险厌恶程度与金融风险传染的关系进行了研究，结果表明另一国债务成本的

---

① Sujit Chakravorti, “Analysis of Systemic Risk in Multilateral Net Settlement Systems,” *Journal of International Financial Markets, Institutions & Money*, Vol. 10, No. 1, January 2000, pp.9-30.

② Irving Fisher, “The Debt-Deflation Theory of Great Depressions,” *Econometrica*, Vol.1, No.4, October 1933, pp.337-357.

③ Markus K. Brunnermeier and Lasse Heje Pedersen, “Market Liquidity and Funding Liquidity,” *Review of Financial Studies*, Vol.22, No.6, June 2009, pp.2201-2238.

④ Stefan Gerlach and Frank Smets, “Contagious Speculative Attacks,” *European Journal of Political Economy*, Vol.11, No.1, March 1995, pp.45-63.

增加会随着风险厌恶程度的提高而增加，导致货币贬值风险逐渐增大，进而诱发金融危机。①

乔迪·蒙德里亚（Jordi Mondria）和克里门特·昆塔纳-多梅克（Climent Quintana-Domeque）认为，在市场不确定性情形下，当一国发生金融风险时，投资者对风险的容忍度会逐渐降低并重新配置投资组合，这会使另一国的金融风险发生波动，导致金融风险的国际间传导。②

3.关于金融风险的预警

杰弗里·弗兰克尔（Jeffrey A. Frankel）和安德鲁·罗斯（Andrew K. Rose）以100个发展中国家在1978～1992年的年度数据为样本，构建了统计金融风险发生的可能性概率模型——FR概率模型，该模型虽有简单易行的优点，但是未考虑国别差异且偏差较大。③

格雷西拉·卡明斯基（Graciela Kaminsky）等建立KLR信号分析方法，依据超出阀值的预警指标数量来估计金融风险发生的可能性，它是早期对金融风险进行预警的典型方法。④

莫汉·库马尔（Mohan Kumar）等结合FR概率模型和KLR信号分析法，基于滞后宏观经济和金融数据，构建了投机冲击预测模型，使对未来货币危机和投机性货币冲击的预警水平得以提高。⑤

4.关于金融风险的监管

克劳迪奥·博里奥（Claudio Borio）认为，实施宏观审慎监管时要从

---

① Melisso Boschia and Aditya Goenka, "Relative Risk Aversion and the Transmission of Financial Crises," *Journal of Economic Dynamics & Control*, Vol.36, No.1, January 2012, pp.85-99.

② Jordi Mondria and Climent Quintana-Domeque, "Financial Contagion and Attention Allocation," *The Economic Journal*, Vol.123, No.568, May 2013, pp.429-454.

③ Jeffrey A. Frankel and Andrew K. Rose, "Currency Crashes in Emerging Markets: An Empirical Treatment," *Journal of International Economics*, Vol.41, No.3/4, November 1996, pp.351-366.

④ Graciela Kaminsky, et al., "Leading Indicators of Currency Crises," *IMF Staff Papers*, Vol.45, No.1, March 1998, pp.1-48.

⑤ Mohan Kumar, et al., "Predicting Emerging Market Currency Crashes," *Journal of Empirical Finance*, Vol.10, No.4, September 2003, pp.427-454.

跨部门维度和时间维度出发，对风险积聚随时间推移的变化和发展情形进行确定，使金融体系固有的顺周期性减弱，推行逆周期的宏观审慎监管政策。①

穆里洛·坎佩洛(Murillo Campello)等基于监管合作和监管竞争的视角对国际金融监管问题进行了研究，认为金融联盟在国际金融监管中可以起到避免金融监管主体之间出现囚徒困境的重要作用。②

法瑞博兹·莫西仁(Fariborz Moshirian)认为，中央银行在实施宏观审慎监管时也要担负起维护金融稳定的职能，凭借中央银行在宏观审慎监管中的特殊地位，对金融监管的有效性会得以提高。③

二、互联网风险相关研究

(一)国内相关研究

互联网已经渗透到社会经济的各个方面，成为人们生活工作中必不可少的工具。因此，保证互联网安全运行、防控互联网风险等一直受到社会各界的重视，国内学者对互联网风险的研究也是经久不衰，主要从互联网风险的评估模型、评估方法以及其他视角进行了研究。

1.关于互联网风险评估模型的研究

刘胜航等基于层次分析法，构建了网络风险评估模型，该模型将安全风险的威胁、脆弱性、资产价值等三个要素有机结合起来，实现对网络安全风险状态的评估，并简要说明了模型的具体实施过程。④

梁玲等基于贝叶斯理论及方法，构建了评估网络系统风险的动态

---

① Claudio Borio, "Implementing the Macroprudential Approach to Financial Regulation and Supervision," *Financial Stability Review*, No.13, September 2009, pp.31-41.

② Murillo Campello, et al., "The Real Effects of Financial Constraints: Evidence from a Financial Crisis," *Journal of Financial Economics*, Vol.97, No.3, September 2010, pp.470-487.

③ Fariborz Moshirian, "The Global Financial Crisis and the Evolution of Markets, Institutions and Regulation," *Journal of Banking & Finance*, Vol.35, No.3, March 2011, pp.502-511.

④ 参见刘胜航、张翔、曹旭平:《网络风险状态评估模型》，载《计算机安全》2006 年第 2 期。

模型,该评估模型既可以对网络的总体风险进行评估,又可以对各个局部要素可能引起风险的程度进行分别评估,并以示例说明了该评估模型对实际网络风险评估的有效性。①

彭凌西等在对网络活动中自体、非自体、免疫细胞定义的基础上,构建了基于危险理论的风险评估模型,它可以对主机和网络当前所面临的各类攻击和总体网络风险强度进行实时计量,理论与实证均表明该模型是一种有效的评估网络风险的新途径。②

史志才以隐马尔可夫随机过程作为分析手段,将入侵检测系统的输出(报警事件)作为处理对象,构建了隐马尔可夫模型(Hidden Markov Model, HMM),用以描述主机系统受到攻击后的状态转化,它可有效计算主机系统风险指数以及对整个网络风险进行定量评价。③

黄光球和李艳将网络攻击过程类比于粗糙不确定性问题的关系挖掘过程,基于粗糙图构建了包含攻击图的粗糙图生成算法、部件节点粗糙关联网络、网络风险最大流分析算法等三个组成部分的网络风险评估模型,并以代表性的网络系统实例验证了其正确性。④

张保稳等基于所提出的全局网络权限图概念,构建了一种新的网络风险评估模型,由于其引入了漏洞的量化数据等网络安全配置信息,因此比传统的网络风险评估方法更为准确。⑤

胡强和刘孙俊在网络系统风险评估中引入人工免疫技术,根据生物免疫系统之抗体浓度的变化与病原体入侵强度的对应关系,提出并建立了一种基于免疫的网络风险分布式定量评估模型,仿真实验表明

① 参见梁玲、陈庶民、徐孟春、殷石昌:《基于贝叶斯模型的网络风险动态评估方法》,载《信息工程大学学报》2007 年第 1 期。

② 参见彭凌西、陈月峰、刘才铭、曾金全、刘孙俊、赵辉:《基于危险理论的网络风险评估模型》,载《电子科技大学学报》2007 年第 6 期。

③ 参见史志才:《网络风险评估方法研究》,载《计算机应用》2008 年第 10 期。

④ 参见黄光球、李艳:《基于粗糙图的网络风险评估模型》,载《计算机应用》2010 年第 1 期。

⑤ 参见张保稳、罗铮、薛质、银鹰:《基于全局权限图的网络风险评估模型》,载《上海交通大学学报》2010 年第 9 期。

该模型可对网络系统的风险进行实时有效的评估。[①]

王亮等针对复杂高速网络环境风险评估面临的难题，建立了基于多核构架的高速实时网络风险评估模型，该模型依靠多核网络处理平台资源，提出了实时入侵检测均衡算法和高速并行处理网络流量构架，可定量实时评估高速网络环境风险。[②]

胡萍针对传统的基于神经网络的网络风险评估模型存在未对多元数据分类的缺陷，利用态势要素融合、节点态势融合以及数据源融合获取网络风险态势值，在此基础上构建了基于信息融合的大数据环境下网络风险评估模型，仿真实验表明此模型对网络风险具有很高的评估精度。[③]

马春光等认为，利用攻击图评估网络风险时，存在对已知漏洞知识库过于依赖、量化分析网络风险时仅利用原子攻击本质属性而缺乏分析攻击者主观的攻击意愿等，为此提出了一种基于攻击者攻击意愿分析的动态风险评估模型，更适合评估实际网络环境下的网络风险。[④]

2.关于互联网风险评估方法的研究

邓新颖等在引入“漏洞关联性”(Vulnerability Correlation)新概念的基础上，从黑客展开对网络的多阶段攻击入手，利用各种扫描器在对网络进行扫描时的大量漏洞信息以构建漏洞关联库，从而形成多条网络攻击链，最终计算出网络的风险评估值，构建了基于多阶段网络攻击

---

① 参见胡强、刘孙俊：《基于免疫的网络风险分布式定量评估模型》，载《成都大学学报(自然科学版)》2011年第3期。

② 参见王亮、李涛、梁刚：《基于多核构架的高速实时网络风险评估模型》，载《计算机工程与设计》2011年第10期。

③ 参见胡萍：《大数据环境下基于信息融合的网络风险评估模型》，载《科技通报》2015年第9期。

④ 参见马春光、汪诚弘、张东红、李迎涛：《一种基于攻击意愿分析的网络风险动态评估模型》，载《计算机研究与发展》2015年第9期。

的网络风险评估方法，可以较好地评估网络在遭受黑客攻击时的风险。[①]

张婕等针对宽带无线IP(Broadband Wireless IP，BWIP)所遭受的网络攻击的模糊性和随机性，构建了基于熵权系数的模糊综合评判法，该方法可以消除评估的主观性，更加客观真实地从概率角度简单、有效地对BWIP的网络风险进行评估。[②]

杨柳和吕英华基于云模型提出了一种新的网络风险评估方法，该方法可以对网络的风险等级进行有效评估，使评估过程中固有的不确定性最大限度地得以保留，比传统基于模糊集理论的评估方法有更高的可信度、科学性和准确性。[③]

周诚诚和张代远对识别网络钓鱼攻击相关的互联网风险进行了研究，认为目前反钓鱼技术主要是利用爬虫对大范围互联网仿冒站点进行主动搜索，爬取并逐一检测可疑钓鱼网站，但是不能高效快速检测出可疑网站，为此提出了基于图像识别技术的网站徽标(Logo)检测的新思路。[④]

张树伟等对网络攻防博弈过程采用两人零和博弈模型进行描述，提出了基于博弈模型的网络风险量化评估方法，该方法区分了不同节点，引入相对重要性的概念，在计算网络风险过程中，可以将不同节点对网络风险贡献的差异性进行充分刻画，更加真实有效地计算网络

---

① 参见邓新颖、杨庚、姚放吾、李晖：《基于多阶段网络攻击的网络风险评估方法研究》，载《计算机工程与应用》2006年第18期。

② 参见张婕、吴振强、霍成义、见晓春：《基于熵权系数BWIP网络风险评估方法》，载《计算机工程与应用》2007年第15期。

③ 参见杨柳、吕英华：《基于云模型的网络风险评估技术研究》，载《计算机仿真》2010年第10期。

④ 参见周诚诚、张代远：《利用图像识别技术过滤海量可疑钓鱼网站》，载《计算机技术与发展》2012年第11期。

风险。[①]

刘文芬等提出了基于 Markov 博弈理论的网络风险评估方法，具有三大优势：依据攻击威胁与修复漏洞的博弈关系得到资产的具体风险情况，刻画网络风险更加真实、细致；将攻击威胁以及漏洞信息进行归类处理，提高了网络风险评估效率；引入节点相关性，提高了网络风险评估的准确性。[②]

3.关于互联网风险评估框架和防范的研究

在互联网风险评估框架方面，张永铮等研究了网络节点关联性(Network Node Correlation, NNC)对网络风险评估的作用，发现 NNC 可以使若干孤立的弱点联系起来，并且 NNC 在包含各协议层连通性的基础上使网络节点间独有的特权关系更为丰富，因此 NNC 有助于提升检测网络攻击和网络弱点的准确性。[③] 李艳等在计算机网络风险评估中引入动态网络的演化思想，构建了基于攻击事件的动态网络风险评估框架，该框架可对网络段进行关联分析和演化追踪，更好地将重要攻击事件间的紧密联系以及攻击者的攻击策略予以揭示，评估网络风险具有良好的实用性。[④]

在互联网风险防范方面，申凡和徐艳华认为网络风险主要表现在网民情绪偏激、网络事件的非理性处理、网络谣言泛滥、网络破坏行为增多对社会稳定、国家信息安全等方面造成的危害，并从加强网络谣言控制、预防网络风险、制止网络破坏行为、疏导网民情绪等四个方面具

① 参见张树伟、刘文芬、魏江宏：《基于博弈模型的网络风险量化评估方法》，载《信息工程大学学报》2014 年第 2 期。

② 参见刘文芬、张树伟、龚心：《一种优化的基于 Markov 博弈理论的网络风险评估方法》，载《电信科学》2014 年第 7 期。

③ 参见张永铮、方滨兴、迟悦、云晓春：《网络风险评估中网络节点关联性的研究》，载《计算机学报》2007 年第 2 期。

④ 参见李艳、黄光球、张斌：《基于攻击事件的动态网络风险评估框架》，载《计算机工程与科学》2016 年第 9 期。

体阐述如何监管网络风险。[①] 杨静从“互联网+”的视角分析网络风险，认为“互联网+”时代的网络安全主要指网络经济安全，因此，防范网络风险、维护网络安全要坚持技术路线和管理路线同时并举的原则，技术体系和制度体系的建设是两个重要基点。[②]

(二)国外相关研究

互联网技术源自国外，较之于国内有更长的发展历史，在实践中积累了更多关于互联网风险的认知，为学术界深入研究互联网风险积累了丰富的材料，促使学者们在互联网风险的起因、评估、预防等方面都有深入的探讨。

1.关于互联网风险的起因

互联网系统中存在的脆弱点是导致互联网发生风险的重要原因，国外学者从不同视角纷纷对此展开分析，从中探求互联网风险的起因。

辛西娅·菲利普斯(Cynthia Phillips)和劳拉·佩顿·斯威勒(Laura Painton Swiler)率先提出利用攻击图模型来研究网络脆弱点，对照模板库与攻击模板被描述为原子攻击，使用深度优先方法，以互联网的最初状态为起点生成攻击图。然而，人工操作是该方法的主要特点，当实际需要大规模分析网络脆弱点时则不再适用。[③]

阿兰·梅耶(Alain Mayer)等提出了用于识别多个主机之间联通的防火墙分析引擎技术，这一技术为研究检测网络弱点提供了基础。[④] 比如，罗纳德·里奇(Ronald W. Ritchey)和保罗·安曼(Paul Ammann)率先提出用于检测网络弱点的模型，并分析指出，各节点主机在能够得

---

① 参见申凡、徐艳华:《网络风险的监管》,载《新闻前哨》2008 年第 8 期。

② 参见杨静:《“互联网+”时代的网络安全及其防控分析》,载《经济研究参考》2015 年第 71 期。

③ Cynthia Phillips and Laura Painton Swiler, “A Graph-based System for Network-vulnerability Analysis,” *New Security Paradigms Workshop*, *Proceedings*, 1999, pp.71-79.

④ Alain Mayer, et al., “Fang: A Firewall Analysis Engine,” 2000 *IEEE Symposium On Security And Privacy*, *Proceedings*, 2000, pp.177-187.

到基本联通的保障下，才是一次成功攻击的必备条件之一。这里，他们将一个主机与其他主机通信的能力定义为连通性(connectivity)，在阿兰·梅耶等研究基础上分析了网络弱点的检测问题。①

2.关于互联网风险的评估

阿恩斯·安德烈(Arnes Andre)等利用组合主机风险得到网络风险，这是由于主机的差异化状态决定了其安全风险，因此，进一步通过隐马尔可夫模型描述主机状态发生的改变，网络风险就可以实时被刻画出来。不过，该模型的输入规模过于庞大，未能将主机之间的相互影响考虑进来，而且计算效率不高。②

马可·贝尼尼(Marco Benini)和萨布丽娜·西卡里(Sabrina Sicari)使用Nessus这一漏洞检测工具对网络风险进行评估。先是要构建攻击树模型和攻击图模型，其中攻击树模型是利用得到的网络主机的漏洞进行构建，而攻击图模型是通过漏洞、漏洞之间的因果关系来建立；然后，网络风险值就可以在这两个模型的基础上计算得到。③

伊格纳西奥·马丁内斯-莫亚诺(Ignacio J. Martinez-Moyano)等基于内部威胁风险的行为理论基础，建立了系统动力学模型，主要针对内部威胁进行评估，并阐明了网络安全性随时间推移而发生动态变化的机理。④

3.关于互联网风险的预防

王凌宇等提出了基于攻击图的入侵检测系统，它可以预生成与数

① Ronald W. Ritchey and Paul Ammann, "Using Model Checking to Analyze Network Vulnerabilities," 2000 *IEEE Symposium On Security And Privacy*, *Proceedings*, 2000, pp.156-165.

② Arnes Andre, et al., "Using Hidden Markov Models to Evaluate the Risks of Intrusions," *Recent Advances In Intrusion Detection*, *Proceedings*, Vol.4219, 2006, pp.145-164.

③ Marco Benini and Sabrina Sicari, "Risk Assessment in Practice: A Real Case Study," *Computer Communications*, Vol.31, No.15, September 2008, pp.3691-3699.

④ Ignacio J. Martinez-Moyano, et al., "A Behavioral Theory of Insider-threat Risks: A System Dynamics Approach," *ACM Transactions On Modeling And Computer Simulation*, Vol.18, No.2, April 2008, pp.1-27.

据库相连的攻击图，警告那些可能对网络系统的入侵，不过该系统对动态的网络问题未能给出解决之道。①

纳约特·普萨帕斯特(Nayot Poolsappasit)等建立了基于成本和收益的具有多种指标的量化分析方法，并使用遗传算法为网络安全计算出最优的策略，收到了良好的实际运用效果。②

阿利雷扎·沙姆利-森迪(Alireza Shameli-Sendi)等提出多元数据融合的网络风险分析法，该方法基于不同检测传感器，可以实时对攻击事件进行监听，有效提升了网络风险量化的可靠性和准确性，强化了网络安全防护。③

三、互联网金融风险相关研究

(一)国内相关研究

伴随着互联网金融的飞速发展，其风险也日益凸现出来，尤其是互联网金融中的一些集资诈骗、卷款外逃、非法借贷平台等高风险事件的频繁发生，引起社会各界的高度关注和警惕，这也成为学术界研究的重点和热点，并从不同视角对互联网金融风险进行了剖析，提出了许多有价值的防控互联网金融风险的政策建议。

1.关于互联网金融风险的基本状况

关于互联网金融风险基本状况的分析，包括互联网金融风险的特点、分类、来源等。

在互联网金融风险的特点研究方面，杨群华指出，互联网金融是金

① Lingyu Wang, et al., "Using Attack Graphs for Correlating, Hypothesizing, and Predicting Intrusion Alerts," *Computer Communications*, Vol. 29, No. 15, September 2006, pp.2917-2933.

② Nayot Poolsappasit, et al., "Dynamic Security Risk Management Using Bayesian Attack Graphs," *IEEE Transactions On Dependable And Secure Computing*, Vol. 9, No. 1, January-February 2012, pp.61-74.

③ Alireza Shameli-Sendi, et al., "Taxonomy of Intrusion Risk Assessment and Response System," *Computers & Security*, Vol. 45, September 2014, pp.1-16.

融与互联网技术全面结合的新生事物，其风险的特点是不仅仅面临市场风险、信用风险、流动性风险等三类传统金融风险，而且面临着由法律法规滞后产生的法律风险、由虚拟金融服务产生的业务风险以及由互联网信息技术导致的技术风险。[①] 王立国和许爱萍基于技术创新的视角，认为网络金融借助于网络信息技术媒介，呈现出几何式增长，使互联网金融风险具有极度渗透性、瞬时爆发性、交叉感染性、高度隐蔽性的特点。[②]

在互联网金融风险的分类方面，许荣等从金融功能观的视角将互联网金融风险分为：由于平台机制设计的缺陷和社会信用体系不完善造成的道德风险和流动性风险，由于信息的使用、分析和管理不当导致的信息不对称风险以及外部疏漏或人为原因带来的操作风险。[③] 谢尔曼等基于互联网的视角，认为互联网金融行业存在不容忽视的网络安全和信息安全风险，并借鉴互联网风险事件案例，将互联网金融行业信息安全风险分为四类：网络平台可用性风险、互联网体系本身风险、企业内部风险、用户隐私风险。[④]

在互联网金融风险的成因方面，郭瑞云将互联网金融风险的来源分为四个方面：(1)法制不健全是互联网金融风险滋生的环境；(2)监管缺位是互联网金融风险的诱发因素；(3)大数据信息技术的应用引发互联网金融潜在的操作风险、信息安全风险等；(4)信用体系不健全导致互联网金融风险的产生。[⑤] 仇晓光和刘闻博认为，互联网金融风险主要

① 参见杨群华：《我国互联网金融的特殊风险及防范研究》，载《金融科技时代》2013 年第 7 期。

② 参见王立国、许爱萍：《技术创新视角下网络金融风险的特点及合作监控模式构建》，载《南京社会科学》2014 年第 1 期。

③ 参见许荣、刘洋、文武健、徐昭：《互联网金融的潜在风险研究》，载《金融监管研究》2014 年第 3 期。

④ 参见谢尔曼、黄旭、周杨：《互联网金融的网络安全与信息安全要素分析》，载《上海大学学报(社会科学版)》2015 年第 4 期。

⑤ 参见郭瑞云：《互联网金融风险治理对策探析》，载《长春金融高等专科学校学报》2015 年第 6 期。

来源于两个方面：一是网络技术风险，比如病毒感染、软件破坏、虚假信息、黑客攻击、盗取密码信息、欺诈邮件等；二是网络金融业务风险，它是由传统金融与网络平台结合创新产生的风险，主要问题在于追责机制缺失。[①]

2.关于互联网金融风险的多重性

洪娟等提出了互联网金融风险具有二重性的观点，认为互联网金融一方面同传统金融无异，都具备金融属性的本质，互联网金融会遭受流动性、信用、操作性、信誉、市场等常规金融风险；另一方面，由于互联网是其发展载体，互联网自身所附有的虚拟性、创新性、技术性的特点必将系统性的隐性风险附加给互联网金融。[②]

李继尊认为互联网金融是金融与互联网相互融合的产物，由于金融和互联网都是高风险行业，因此，互联网金融的风险就是二者风险的“联姻”所形成的叠加风险：既有传统金融固有的风险，又有互联网自身虚拟、跨界、开放的特性所形成的网络诈骗频发、网络防护脆弱、网络攻击猖獗的风险。[③]

梁力军和赵鑫认为互联网金融风险是互联网技术与传统金融风险结合后产生的融合性风险，它是在以互联网金融平台作为链接纽带为客户提供金融服务和金融产品的过程中发生的各种损失可能性以及不确定性，并根据成因将其划分为金融参与者风险、互联网信息不对称风险、网络技术和信息安全风险、金融产品与服务风险，比传统金融风险更具有难以预知性、成因复杂性、快速扩散性、影响即时性等特点。[④]

胡坚明确强调互联网金融的本质是金融与互联网的融合，它是传统金融依靠快捷、便利的互联网技术实现金融活动服务精细化、广度扩

---

① 参见仇晓光、刘闻博：《互联网金融风险防控论纲》，载《江西社会科学》2015 年第 9 期。

② 参见洪娟、曹彬、李鑫：《互联网金融风险的特殊性及其监管策略研究》，载《中央财经大学学报》2014 年第 9 期。

③ 参见李继尊：《关于互联网金融的思考》，载《管理世界》2015 年第 7 期。

④ 参见梁力军、赵鑫：《互联网金融风险分析与监管策略探究》，载《河北金融》2015 年第 8 期。

大化的新金融体系，因此，传统金融本身的各种风险会在互联网领域放大，互联网技术风险则在传统金融领域凸显。①

梁立华认为，互联网金融充分体现了“互联网＋普惠金融”的特色，特别是网络技术的运用使互联网金融可以为更多中小金融需求提供服务，彰显了普惠金融的本色基因，具有巨大的发展潜力。但是，互联网金融也蕴含着叠加金融与网络的双重风险，即金融体系本体面临各种挑战所产生的风险与网络安全风险相互叠加而形成的双重风险，必须引起高度重视并积极防范。②

3.关于互联网金融风险的计量

宋光辉等在研究何种模型能更有效地度量互联网金融风险时，以余额宝的风险度量为例，对 GARCH-VaR 和 GARCH-CVaR 模型在 90％和 95％置信水平下的优劣进行分析，作为 VaR 和 CVaR 在对应水平下的度量。结果表明，CVaR 模型度量互联网金融风险更加有效，既可以度量现有风险，又可以对未来风险进行预测。③

刘海和武宏燕把层次分析与模糊数学结合起来，将互联网金融视为一个系统的业态进行风险评估。实证结果表明，我国互联网金融的风险总体上处于“很高”状态，其中，金融业务风险和信用风险是关键的风险驱动因素。④

曾建光利用百度大数据对互联网金融投资者的网络安全风险感知进行了实证研究。结果表明：互联网金融投资者对风险补偿要求的多寡与网络安全风险感知的高低成正相关，并且移动互联网端的投资者比 PC 端的投资者具有更敏感的网络安全风险感知，对风险补偿的要求

---

① 参见胡坚：《浅析互联网金融风险及其防范》，载《人民论坛》2016 年第 1 期。

② 参见梁立华：《发挥普惠功能，防范叠加风险，推动互联网金融健康发展》，载《新经济》2016 年第 19 期。

③ 参见宋光辉、吴超、吴栩：《互联网金融风险度量模型选择研究》，载《金融理论与实践》2014 年第 12 期。

④ 参见刘海、武宏燕：《互联网金融风险度量研究》，载《中国商贸》2015 年第 4 期。

也更高。[①]

王立勇和石颖以 P2P 网贷为例，利用层次 CRITIC-灰色关联模型建立了互联网金融风险评价体系，并使用 VaR 方法对 2014 年度互联网金融风险的大小进行测算，发现在 2014 年前三季度的整体风险及各维度风险基本保持有序波动状态，第四季度则出现下降趋势。[②]

欧阳资生和莫廷程为度量互联网金融的风险值，分别在参数、半参数和非参数的 VaR 方法下，基于上证综合指数和互联网金融指数建立了历史模拟法模型和 Pareto 极值分布模型，并对模型的优劣进行返回检验判断，实证结果表明 Pareto 极值分布模型能有效地度量互联网金融风险。[③]

李彩凤和梁静溪运用模糊层次分析法对我国互联网金融风险进行实证评价，结果表明当前我国互联网金融的风险主要是网络技术安全风险、法律及声誉风险、运营风险、信用风险、操作风险，且各种风险之间呈现出相对明显的叠加性。[④]

何启志和彭明生利用单元和多元 GARCH 类模型，深入分析了基于互联网金融的 P2P 网贷利率的典型特征，实证结果显示：网贷利率波动具有风险累积效应和集聚性，但不具备杠杆效应，对利空、利好信息反应差别不大，说明网贷市场的风险强，而市场参与者的风险意识较弱。[⑤]

---

① 参见曾建光：《网络安全风险感知与互联网金融的资产定价》，载《经济研究》2015 年第 7 期。

② 参见王立勇、石颖：《互联网金融的风险机理与风险度量研究——以 P2P 网贷为例》，载《东南大学学报（哲学社会科学版）》2016 年第 2 期。

③ 参见欧阳资生、莫廷程：《互联网金融风险度量与评估研究》，载《湖南科技大学学报（社会科学版）》2016 年第 3 期。

④ 参见李彩凤、梁静溪：《互联网金融风险的实证评价及优化对策》，载《金融理论与实践》2016 年第 5 期。

⑤ 参见何启志、彭明生：《基于互联网金融的网贷利率特征研究》，载《金融研究》2016 年第 10 期。

4.关于互联网金融风险的防控

金锟和宋良荣从博弈论视角指出，个人征信体系不健全是我国互联网金融面临的最大风险。因此，在监管方面要做好三方面工作：一是要明确银监会及其派出机构是监管主体；二是出台具体的监管措施；三是推行监管部门、通信管理部门、工商行政部门联合统一监管。①

廖愉平以具体的互联网金融模式为例探讨风险监管，认为：(1)余额宝类互联网金融理财产品应当借助电商生态网络增加交易量；(2)传统金融机构也要开展 P2P 金融服务；(3)加强对第三方支付平台的立法、实体监管、资金安全保护。②

杨东从保护金融消费者的视角，总结了规制互联网金融风险的三种范式：(1)"风险暴露"范式，即披露融资者金融资产风险和信用风险；(2)"风险分散"范式，即限制投资者的投资额度，不管是总投资额度，还是累积投资额度；(3)"促进竞争"范式，即降低市场准入壁垒以促进市场进展。③

郭喜才从互联网与金融行业融合的角度，提出监管互联网金融风险的具体措施：制定和完善关于互联网金融的法律监管制度；建立健全网络安全认证体系和征信体系；以互联网金融平台自有资金与客户资金的分管原则加强资金安全监管；积极发挥行业自律作用。④

屈广清从借鉴国际法的角度，认为要集中精力深入研究国际及国外互联网金融的有关法律规定、完善我国国内互联网金融监管的相关法律、完善我国互联网金融领域的国际私法规则、积极参与互联网金融监管的国际立法活动、加强国际互联网金融法律人才队伍建设，积极化

① 参见金锟、宋良荣：《基于博弈论视角的互联网金融风险管理探讨》，载《中国集体经济》2014 年第 19 期。

② 参见廖愉平：《我国互联网金融发展及其风险监管研究——以 P2P 平台、余额宝、第三方支付为例》，载《经济与管理》2015 年第 2 期。

③ 参见杨东：《互联网金融风险规制路径》，载《中国法学》2015 年第 3 期。

④ 参见郭喜才：《互联网金融风险及其监管研究》，载《江西社会科学》2015 年第 7 期。

解我国互联网金融风险。[①]

张承惠指出，我国互联网金融鱼龙混杂，急需加强风险监管，并提出七条监管建议：加快制定监管细则、有的放矢地规范网络金融活动、实行差异化监管策略、推行跨部门协调监管、加强正规金融机构的行为监督、严厉打击非法集资、注重投资者的风险教育。[②]

王倩和吴承礼在分析互联网金融风险生成机理的基础上，针对互联网金融融本身独特的运行规律及其高于传统金融风险的特征，有针对性地提出重塑金融监管体系、加强行业自律、强化对金融消费者的教育与保护等三方面监管措施。[③]

李彩凤和梁静溪基于支付创新的角度，在借鉴国际管理措施和立法经验的基础上，认为我国对互联网金融风险的监管要做好三方面工作：一是加快信息保护立法，约束全社会的信息行为；二是打造大数据库，提高防范互联网金融风险的能力；三是深化金融监管体制改革。[④]

(二)国外相关研究

互联网金融在国外兴起较早，在实践中对其风险的认知和总结比较全面，对其风险的研究也早已进入学者们的视野，并从不同角度展开了研究，在互联网金融风险的成因、预防、监管等相关方面形成了较为丰富的研究成果。

1.关于互联网金融风险的成因

斯文·伯格(Sven C. Berge)和费边·格莱斯纳(Fabian Gleisner)认为，以无记名形式为特征的网络借贷，由于借贷双方对彼此的真实情

① 参见屈广清：《国际法应对我国互联网金融风险的具体建议》，载《海峡法学》2016年第1期。

② 参见张承惠：《关于互联网金融风险的思考与建议》，载《经济纵横》2016年第4期。

③ 参见王倩、吴承礼：《互联网金融风险的生成机理分析》，载《社会科学辑刊》2016年第5期。

④ 参见李彩凤、梁静溪：《互联网金融风险的实证评价及优化对策》，载《金融理论与实践》2016年第5期。

况难以准确了解，以致信息不对称的情形十分严重，会产生更大的信用风险。①

格雷戈尔·维斯(Gregor N. F. Weiss)等指出，道德风险和逆向选择都是信息不对称导致的后果，它们是致使互联网金融产生风险的重要原因。如何在互联网金融不断创新的情形下防控网络借贷风险，就成为包括 P2P 网络借贷在内的网络借贷行业无法回避的重大现实课题。②

埃里克·查菲(Eric C. Chafee)和杰弗里·拉普(Geoffrey C. Rapp)分析认为，互联网金融表现出了传统金融风险的特征，但是一些特有风险如道德风险、声誉风险、信息风险也被放大了，他们将特有风险的产生归因于互联网金融平台的公开透明程度、借款人的资信情况以及信息不对称。③

2.关于 P2P 网络借贷风险的预防

塞斯·弗里德曼(Seth Freedman)和金姜哲(Ginger Zhe Jin)研究指出，P2P 借贷市场可以为借贷双方提供直接交易服务，摆脱了传统金融机构的中介功能。然而，客户也可能面临着比传统借贷市场更为严重的因信息不对称引发的逆向选择风险。不过，他们发现，出借人可以利用社交网络中的某些软信息，在一定程度上鉴别借款人可能存在的风险，以此弥补硬信息在 P2P 借贷中的缺陷。④

---

① Sven C. Berge and Fabian Gleisner, "Emergence of Financial Intermediaries in Electronic Markets: The Case of Online P2P Lending," *BuR-Business Research*, Vol. 2, No. 1, May 2009, pp.39-65.

② Gregor N. F. Weiss, et al., "Mitigating Adverse Selection in P2P Lending—Empirical Evidence from Prosper.com,"https://ssrn.com/abstract=1650774, 2010.

③ Eric C. Chafee and Geoffrey C. Rapp, "Regulating On-Line Peer-to-Peer Lending in the Aftermath of Dodd-Frank: In Search of an Evolving Regulatory Regime for an Evolving Industry," *Washington and Lee Law Review*, Vol. 69, No. 2, Spring 2012, pp.485-533.

④ Seth Freedman and Ginger Zhe Jin, "Do Social Networks Solve Information Problems for Peer-to-Peer Lending? Evidence from Prosper. com," Net Institute Working Paper, November 2008, pp.8-43.

本杰明·科利尔(Benjamin Collier)和罗伯特·汉普希尔(Robert Hampshire)实证分析了社区组群及其成员在P2P网贷模式下的融资行为。结果显示,将个人所在组群的整体名誉和本人的声誉结合起来,组群内成员在此情形下可以相互监督,道德风险和逆向选择现象就可以在一定程度上有效降低发生的可能性。①

杰克·马吉(Jack R. Magee)和林明峰等研究指出,借款中的信息透明程度和信用状况在P2P借贷市场中扮演了极为重要的角色,坏账违约率和P2P平台上的信息公开透明程度成反比。②

3.关于互联网金融风险的监管

理查德·沙利文(Richard J. Sullivan)分析了第三方支付在零售支付体系中所面临的优势和不足,并反思了监管系统对运行中的第三方支付供应方的监管,指出监管政策的制定要重点针对第三方支付中零售支付系统的风险,以此调和外部性以及降低信息不对称。③

安妮塔·佩纳图尔(Anita K. Pennathur)提出传统银行向网上银行的演变实际上是进入新的发展领域和开展新的业务模式,可能会面临法律、操作、声誉等层面的风险。因此,风险管理的方法和机制要变革创新,此前以自律为主的管理方式会逐渐转变为一个操作和内容更为具体、细化的监管体系。④

---

① Benjamin Collier and Robert Hampshire, "Sending Mixed Signals: Multilevel Reputation Effects in Peer-to-Peer Lending Markets," *Proceeding of the 2010 ACM conference on Computer Supported Cooperative Work*, February 2010, pp.197-206.

② Jack R. Magee, "Peer-to-Peer Lending in the United States: Surviving after Dodd-Frank," *North Carolina Banking Institute*, Vol. 15, No. 1, 2011, pp.139-174; Mingfeng Lin, et al., "Judging Borrowers by the Company They Keep: Friendship Networks and Information Asymmetry in Online Peer-to-Peer Lending," *Management Science*, Vol.59, No.1, January 2013, pp.17-35.

③ Richard J. Sullivan, "How Has the Adoption of Internet Banking Affected Performance and Risk in Banks? A Look at Internet Banking in the Tenth Federal Reserve District," *Financial Industry Perspectives*, Federal Reserve Bank of Kansas City Financial Industry, December 2000, pp.1-16.

④ Anita K. Pennathur, "'Clicks and Bricks': E-Risk Management for Banks in the Age of the Internet," *Journal of Banking & Finance*, Vol. 25, No. 11, November 2001, pp.2103-2123.

罗纳德·曼(Ronald J. Mann)在分析了美国现行的针对以贝宝(PayPal)为代表的新型网络支付模式的法规之后,就消费者利益因新型网络支付介质缺乏有效的保障问题,对监管法律的修订完善提出了思路。①

第三节 文献评述

综观国内外学术界研究,可以看到,对于互联网金融的虚拟性以及风险都有了广泛而深入的研究,取得了显著的成果,但也存在着一些局限。具体来看,主要有以下几个方面。

首先,从互联网金融虚拟性方面的研究来看,缺乏对互联网金融双重虚拟性的探讨。目前,国内外学术界对金融的虚拟性和互联网的虚拟性都进行了大量而深入的研究,并且经久不衰,积累了大量的文献资料,其中不乏许多有价值的研究成果,这为认识、探究互联网金融虚拟性提供了雄厚的理论基础。实际上,国内外学术界已在此基础上从互联网金融的内涵、模式、影响、未来发展等几个方面对互联网金融的虚拟性进行了较为广泛的分析。然而,现有研究虽然意识到互联网金融是传统金融与互联网技术相互融合创新的产物,具有金融与互联网的双重属性,却未能从金融虚拟性与互联网虚拟性的双重视角构建起较为完整的理论框架,探讨互联网金融的双重虚拟性内涵并分析其形成机理。

其次,从互联网金融风险方面的研究来看,疏于对互联网金融叠加风险的深入分析。现有研究对金融风险与互联网风险的内涵、成因、特点、分类、影响、防范等都进行了细致的分析,研究视角可谓多元,为互联网金融风险的研究打下了坚实的基础。现有研究在分析互联网金融

---

① Ronald J. Mann, "Regulating Internet Payment Intermediaries," *Texas Law Review*, Vol. 82, No. 3, February 2004, pp.681-716.

风险时也多是涉及了它所包含的金融风险以及互联网风险，认为互联网金融风险包含多种类型，明确提出互联网金融的风险具有“二重性”“叠加性”“融合性”等特征。但是，现有研究虽然意识到互联网金融的风险具有叠加性质，却只是笼统地、表象地提出了这一概念，没有进一步对互联网金融叠加风险的内涵、特征、类型等进行系统化的现实梳理和理论分析。

最后，综合互联网金融虚拟性和风险的研究来看，未能将互联网金融的双重虚拟性与叠加风险结合起来进行研究。国内外学术界目前的研究已经将互联网金融视为传统金融与互联网技术的融合产物，具有两者的属性，叠加了两者的风险。实际上在思想上已经意识到了互联网金融具有双重虚拟性的特性，并且在概念上明确提出了“叠加风险”。而且，从目前文献的研究逻辑和脉络来看，互联网金融的双重虚拟性与其叠加风险具有紧密联系，很有必要将二者结合起来进行分析。但是，现有研究未能将两者有效结合起来进行研究，尤其是从互联网金融的双重虚拟性去探析叠加风险的形成机理。那么，在互联网金融的双重虚拟性背景之下提出的防范互联网风险的政策建议也就缺乏针对性。

总之，本书在系统梳理现有文献的基础上，认为在深入分析互联网金融的双重虚拟性以及互联网金融的叠加风险基础上，进一步探讨互联网金融的双重虚拟性引致叠加风险的机理具有很大的探索空间，对提出有针对性的防控互联网金融风险的措施具有重要的参考价值。

第三章 互联网金融的双重虚拟性与叠加风险的理论分析

互联网金融作为传统金融与互联网技术的创新融合形成的新型金融模式，很明显具有金融和互联网的两种属性，在虚拟性和风险方面也就具有双重表现。为此，在对互联网金融的内涵、特征、模式等基本理论分析的基础上，探究互联网金融的双重虚拟性内涵以及叠加风险的内涵、特征与类型等，可以充分而全面地了解互联网金融的双重虚拟性以及叠加风险的基本状况，为下一步分析双重虚拟性引致叠加风险的机理奠定基础。

第一节 互联网金融的基本理论

互联网金融作为新生事物，势头发展迅猛，影响力不断渗透到社会生活的各个方面，引起社会各界的广泛关注，对于互联网金融的理解和认识也是众说纷纭。因此，探究互联网金融的双重虚拟性问题，有必要对互联网金融的一些基本理论，包括互联网金融的内涵、特点、模式等，有较为全面性、统一性的认识。

一、互联网金融的内涵界定

目前，学术界对于互联网金融没有一个统一、明确的定义，多数学者倾向于认为互联网金融是一种新的金融形态。例如，最先提出“互联网金融”概念的谢平和邹传伟将互联网金融视为独立于商业银行间接融资以及资本市场直接融资的第三种“新金融模式”，并称为“互联网金融模式”。① 郑联盛明确将互联网金融定义为“借助于互联网技术、移动通信技术实现资金融通、支付和信息中介等业务的新兴金融模式”②。吴晓求赞同谢平等人的观点，同时又提出互联网金融是“新的金融架构”“新的金融运行结构”③“新的金融业态，即第三金融业态”④等。

当然，也有少数学者提出了不同看法，认为“互联网金融”并不“新”。比如，王国刚和张扬梳理英文文献发现，对应“互联网金融”的“Internet Finance”，更多是“Net-Finance”或“E-Finance”，故此认为“互联网金融”具有概念上的局限性，“网商金融”更恰当。⑤ 陈志武更是直截了当断定“互联网带来的金融亢奋并不是‘新金融’”，它只是改变了金融的销售和获取渠道，而交易对象仍然是金融契约。⑥

由此看来，尽管学术界并未就互联网金融的概念表述达成一致，但基本上认为它是一种有别于传统金融的新型金融，至少给传统金融带来了改变。

在明确学术界的主流认知后，本书认为，还应该从三个方面深化对互联网金融内涵的理解。

首先，互联网金融包含“互联网”与“金融”两个核心要素，分别代表

① 参见谢平、邹传伟：互联网金融模式研究，载《金融研究》2012年第12期。
② 郑联盛：《中国互联网金融：模式、影响、本质与风险》，载《国际经济评论》2014年第5期。
③ 吴晓求：《中国金融的深度变革与互联网金融》，载《财贸经济》2014年第1期。
④ 吴晓求：《互联网金融：成长的逻辑》，载《财贸经济》2015年第2期。
⑤ 参见王国刚、张扬：《互联网金融之辨析》，载《财贸经济》2015年第1期。
⑥ 参见陈志武：《互联网金融到底有多新》，载《新金融》2014年第4期。

互联网技术、传统金融，它就是在二者相互融合的基础上产生的一种新型金融形态，片面强调或孤立分析其中任何一方构成要素，都不能完整理解互联网金融。

其次，从互联网金融中的“金融”要素看，当传统金融与互联网技术有机结合形成新型的互联网金融之后，快速普及的互联网技术使传统金融服务的边界和规模迅速扩大，让传统金融服务水平变得更加快捷、高效、透明、廉价。

最后，从互联网金融中的“互联网”要素看，互联网本身具备“互联互通、开放包容、合作共享、平等自由”的精神，甚至“互联网本身就可以定义为金融市场”[①]，在融合传统金融的功能之后，可以更好地发挥互联网惠及大众、服务社会的技术优势，体现了普惠金融的理念。

因此，可以从狭义和广义两个方面界定互联网金融。从狭义上讲，互联网金融就是传统金融与互联网技术（例如大数据、云计算、搜索引擎、社交网络、移动支付）全面而系统地融合、延展、关联、创新等所产生的一种新型的实现资金融通的金融业态；从广义上讲，不管何种金融业态，只要利用互联网技术并体现互联网基本精神，都可纳入互联网金融的范畴。

二、互联网金融的基本特点

互联网金融作为传统金融与互联网相互融合的产物，具有更强的动态演化与创新能力，虚拟化的存在形态以及网络化的运行方式使其具备以下显著的五个基本特点。

1.成本更为低廉

互联网金融主要是在虚拟的互联网空间进行运营，从而节省了大量成本。一方面，它不必依靠铺设更多的现实经营网点和雇用更多的

---

① 谢平、邹传伟、刘海二：《互联网金融的基础理论》，载《金融研究》2015年第8期。

员工就可以维持或扩张经营规模，以此节省了大量的固定投资成本、运营成本、管理费用等。另一方面，互联网金融平台可以及时为交易双方或多方提供信息搜寻、需求匹配、身份甄别、产品定价、交易结算等，将许多现实的交易活动“搬到”互联网金融的虚拟平台，不仅节省了时间成本，更有效减少了各种交易成本。

2.效率更加高效

因为互联网金融平台积累了大量的客户信息、交易资料、信用记录、历史数据等，并将其储存在平台特有的数据库。从交易者来看，可以随时登录平台查询相关信息，搜寻、匹配自己感兴趣的交易，整个交易流程变得简单、透明、直接，信息不对称的情况得到有效控制，交易效率得以提升。从互联网金融平台的管理者来看，由于网络本身可以减少许多重叠机构，采用水平分工模式，因此，整个平台的决策效率和运营效率自然会大幅提高。

3.交易去中介化

在传统金融领域，比如银行、证券、保险等行业，资金融通需要借助这些金融中介才能完成，即资金供给方要先将资金交给金融中介储存、保管，并约定储存利息、入股分红等事项，金融中介再将集聚的社会资金提供给那些资金需求方，并商定偿还期限、贷款利率、信用担保等条款，互联网金融模式则大大淡化了金融中介的角色，资金供需双方只需通过互联网就可以轻松实现搜寻、匹配，约定交易的数量、期限、利率、担保等各种条款，快速完成在线交易。

4.服务对象更广

随着我国社会主义市场经济的快速和深入发展，金融需求也变得日益高涨。传统金融机构出于风险考虑，一般会将金融资源配置在大型优质企业、经济实力雄厚的个人等，中小企业以及经济状况欠佳的个人在申请金融借贷、参与各类投资时很难得到重视。互联网金融则不然，可以为那些融资难的中小企业、团体、个人等提供各类特色金融需求，只要网络覆盖的地区都可以享受到互联网金融服务，从而不断吸引更多客户参与进来，享受互联网金融的普惠福利。

5.高风险难监管

互联网金融自身的特征决定了其不仅具有传统金融的信用风险、操作风险等，而且具有不容忽视的技术风险、系统性风险等。例如，互联网金融的运行方式主要是互联网技术，当遭受黑客攻击、网络病毒的侵袭时，容易泄露客户信息，危及资金安全。由于我国互联网金融正处在初期发展阶段，各项规章制度尚不健全，互联网金融市场也呈现出各种乱象，比如集资诈骗、高利贷等，社会影响恶劣，容易诱发系统性风险，增加了监管难度。

三、互联网金融的主要模式

关于互联网金融的模式如何划分、划分依据、划分类型等，正如它的概念界定一样，目前尚无定论。本书认为，传统金融先于互联网诞生之前而存在，当互联网诞生并推广普及之后，传统金融开始将其运用到自身业务，逐渐出现了传统金融的互联网化趋势。同时，在互联网出现并成为一个产业之后，一些互联网企业也尝试开展金融业务，由此催生了互联网的金融化。此外，那些既不依托传统金融业务，也不依托互联网相关业务的私人、团体、企业、机构等，也基于互联网金融的理念，纯粹将互联网与金融有机结合，以互联网为平台开展金融业务。因此，可以将互联网金融分为三大模式：一是传统金融的互联网化所形成的模式；二是互联网的金融化所形成的模式；三是纯粹的互联网金融模式。

（一）传统金融的互联网化所形成的模式

该模式的主体是传统金融机构（银行、证券、保险、信托、资产管理等），主要目的是利用互联网技术将一些传统业务网络化、电子化、自动化，实现了业务渠道的替代和延伸，方便客户可以在互联网上实现资金的存储、转账、支付、清算、理财等。

这种模式可以归纳为三方面内容:(1)传统金融的业务与互联网技术的融合,对原有业务的服务方式、渠道、流程实现转换和升级,比如各大银行的网上银行、手机银行等就是主要代表。(2)依靠互联网积极创新业务发展,比如农业银行的“理财 e 站”、平安银行的“理财超市”等。(3)为新兴金融业务以及传统金融提供服务的平台、公司等,例如信息化金融机构(建设银行的“善融商务”、交通银行的“交博汇”等)、以银行为主要股东设立的基金网等。

传统金融的互联网化既是顺应互联网技术发展采取的与时俱进策略,也是面对竞争压力而选择提升金融服务水平的必由之路,从根本上改变了传统金融的服务理念、盈利模式、管理体制等,将其从低效率的实体柜台转变为高效率的虚拟平台,传统金融业逐渐向更加开放、包容、高效、全天候、多功能的金融体系方向发展。因此,不能简单理解为传统金融被动适应互联网带来的冲击,而应当看作是传统金融抓住互联网发展契机所进行的巨大变革。

(二)互联网的金融化所形成的模式

为了自身发展的需要,那些从事与互联网密切相关的企业(阿里巴巴、京东、苏宁、百度、腾讯等)有必要开展一些金融业务,为客户提供便捷的支付、清算、购物、理财、投资等,逐渐使互联网承载了金融的部分功能,出现了互联网的金融化趋势,形成了第三方支付、互联网理财、小额贷款业务等比较典型的业务模式。

根据 2010 年中国人民银行出台的《非金融机构支付服务管理办法》,第三方支付从广义上讲是指非金融机构作为中介机构在收款人和付款人之间提供的部分或全部货币资金转移服务,包括网络支付、预付卡的发行与受理、银行卡收单以及央行确定的其他支付服务。第三方支付的初衷是为了解决交易过程中的诚信缺失问题,可以为消费者、商户、金融机构等之间的资金支付、清算、统计、查询等提供安全保障。它的本质就是保障资金顺利完成中转,不涉及资金的所有权,这也是被称为“第三方”的原因所在。阿里旗下的“支付宝”、京东打造的“京东支付”、苏宁的“易付宝”等都是依靠自身电子商务网站提供的第三方支付,而百度设立的“百度钱包”、腾讯的“财付通”、微信支付等则是依靠本公司的即时通信软件或网络提供的第三方支付。

互联网理财业务是互联网企业为客户提供的涵盖证券、基金、债券、外汇等投资品种的金融服务,阿里集团推出的“余额宝”、百度的“嘉实活期宝”、腾讯的“理财通”等皆属于此类业务。

为了扩大经营规模、帮助客户克服暂时的资金短缺,互联网企业也会根据客户的信用等级提供额度不等的贷款。贷款资金的来源或者是其他客户在平台暂时不用的备用金(例如第三方支付业务中沉淀在平台的资金),或者是客户购买理财产品的资金,也包括平台自有资金等。开展这一业务的核心竞争力在于电商企业、网络公司等已经掌握大部分客户的交易习惯、信用状况等,可以有针对性地提供小额贷款业务,既帮助客户解了燃眉之急,稳固了客户群体,也为平台资金找寻到了一条稳定投资渠道,代表模式有“阿里小贷”“京东白条”“苏宁任性贷”等。

(三)纯粹的互联网金融模式

除了传统金融业和互联网企业积极开展互联网金融业务之外,那些既不依托传统金融业务,也不依托互联网相关业务的私人、团体、企业、机构等,根据互联网金融的开放、共享、包容等新理念,也纷纷参与到互联网金融迅猛发展的潮流之中,积极开发互联网金融平台,成立互联网金融企业、公司等,希望从中分一杯羹,所形成的模式中 P2P 借贷、众筹比较引人瞩目,且产生了十分广泛的社会影响力。

P2P 是英文“peer-to-peer”的缩写,即个人对个人,也称为“点对点”网络借贷,它是指个人(或机构)通过互联网平台直接进行资金借贷的融资模式。借款人先向 P2P 平台提交借款信息(包括借款金额、期限、利率等)及相关证明文件,然后 P2P 平台进行审核后发布借款标的信息，最后，出借人根据自身风险偏好选择投资对象并通过 P2P 平台撮合完成借贷交易，中介平台在此过程中提供交易信息、搜索匹配、信用评级等，一般不直接与客户发生借贷关系，但会通过收取手续费或赚取一定的利息差作为报酬。P2P 既可以为个人或中小企业实现快速多样化融资需求，同时也为他们开辟了一条投资渠道，可以说是互联网金融发展过程中的一大亮点，催生了“人人贷”“拍拍贷”“红岭创投”“陆金所”等一大批 P2P 平台。

“众筹”翻译自英文“crowdfunding”一词，通俗讲就是大众筹资，它是项目发起者利用互联网和 SNS（Social Networking Services，社会性网络服务）为自己的创意项目向社会大众募集资金的模式，具有多样性、门槛低、注重创意、依靠大众等特征，由发起人、平台、支持者等组成。商业价值不是支持者唯一的参考标准，更多是根据项目的创意、社会价值、个人爱好等来决定是否参与，因此，个人、团体、企业等都可以通过展示自己的项目特色，尽可能吸引足够多的支持者，采用“团购＋预购”等形式筹集启动项目的初始资金。从目前众筹发展的全球模式看，主要有股份制众筹、募捐制众筹、借贷制众筹、奖励制众筹等①，受制于我国法律制度约束，奖励制众筹是我国众筹的主要模式，比如“点名时间”“众筹网”“淘梦网”“追梦网”等。

当然，P2P、众筹两种模式主要专注于借贷、融资等，业务类型比较单一，那些提供借贷、融资、理财、咨询、搜索、代理等综合性金融服务的互联网金融门户，比如“91 金融超市”“金融之家”等，也属于纯粹的互联网金融模式。

第二节　双重虚拟性的内涵

互联网金融虚拟性是一种融合了金融虚拟性和互联网虚拟性后形

① 参见罗明雄、唐颖、刘勇：《互联网金融》，中国财政经济出版社 2013 年版，第 185 页。

成的双重虚拟性。为了准确厘清双重虚拟性的含义，有必要先从理论上清晰界定金融虚拟性和互联网虚拟性的内涵，在此基础上再进一步探讨互联网金融的双重虚拟性，这样可以更加精准地理解其蕴含的深刻内涵。

一、金融的虚拟性

（一）金融虚拟性的内涵

金融在现代经济中的重要功能就是合理配置资金，实现各市场主体之间资金的融通，故此，广为流行的定义认为金融是指资金的融通。除了从资金融通视角分析金融的内涵之外，还存在其他解释，诸如金融产业论、金融产权论、公司金融论、金融资源论等。综合这些理论来看，虽然在对金融内涵的理解方面存在各种差异，但可以总结出两点共同性：(1)金融属于信用活动，归根结底是金融工具的交易，金融工具实际上是马克思所说的“现实资本的纸制复本”①，这也是金融的本质属性，可以视为金融的“核心”或“内层”要素。(2)金融的运行不是在真空中进行，必须有制度、技术的支持，奠定金融运行的基础，可视为金融运行的“基础设施”或“外围”因素。任何对金融内涵的理解和界定都不能完全绕开这两点，因此，金融的内涵可以理解为主要包含三个方面内容：金融工具体系、金融运行的基础以及金融工具在金融“基础设施”上的运行。

实际上，金融的虚拟性是针对金融工具体系以及金融工具的运行而言，金融运行的基础设施都是真实的现实存在，并不存在“虚拟”的说法。这里，也可以将金融工具及其运行称为“金融上层”②。那么，金融的虚拟性就是指金融特别是金融上层以实体经济为基础、在金融“基础

---

① 马克思：《资本论》第3卷，人民出版社2004年版，第540页。

② 参见白钦先、徐爱田：《金融虚拟性命题及其理论渊源》，载《辽宁大学学报（哲学社会科学版）》2004年第4期。

设施”运行中又独立于甚至脱离于实体经济合理界限的状态。

（二）金融虚拟性的表现

金融虚拟性的内涵既然是针对“金融上层”而言，那么，金融虚拟性就主要表现在两个方面：从静态看，主要表现为金融工具的虚拟性；从动态看，主要表现为金融工具交易运动（金融活动）的虚拟性，它的交易运动比较特殊，虽然会在一定程度上受到实体经济的影响和制约，但是会形成独立乃至脱离实体经济的运动规律，实现自循环运动。

从静态来看，金融工具作为金融活动的载体，包括货币、股票、债券、期货、期权等，金融工具的虚拟性表现在金融工具的市场价值越来越偏离其作为权益凭证所代表或联系的实体资本的价值，明显地表现出虚拟形态。从历史发展的角度看，金融工具的虚拟程度在不断增强，基本上经历了初级、中级、高级三个阶段的虚拟演进历程。

在初级虚拟阶段，金融工具的虚拟性主要表现在货币的名义价值与实际价值的分离。因为货币是最初的金融工具，经历了实物货币（或称“商品货币”）、金属货币、信用货币、电子货币的发展历程，由于实物货币和金属货币本身具有价值，在执行货币职能时还能比较真实地衡量商品的实际价值。然而，当实物货币或金属货币的变动幅度与商品实际价值的变动幅度不一致时，有可能发生实物货币或金属货币高估或低估商品实际价值的情形，导致二者价值相偏离，此时的实物货币或金属货币就明显表现出虚拟性。当货币发展到信用货币和电子货币阶段之后，货币的内在价值不再以一定的实物量或贵金属为基础，而是以国家信用为担保强制执行货币职能，货币完全虚拟为价值的符号而与实际价值分离。

在中级虚拟阶段，金融工具的虚拟性主要表现在以实体资本为基础发行，但本身几乎没有任何价值的虚拟资本，比如股票、债券等，马克思形象地称其为实体资本的“纸制复本”[①]，它们的实际价值深刻受到利率波动、市场预期、经济形势等影响，可以完全脱离实体资本在二级市场进行流通、买卖，出现实际价值与其所代表的实体资本价值严重脱离的现象，虚拟程度比货币更高。

在高级虚拟阶段，出现了金融衍生工具，它不以任何实体资本为基础，而是在现有虚拟的基础金融工具（货币、股票、债券等）之上派生出来的产物，比如期货、期权等，可以说是对基础金融工具的“多重虚拟”“再虚拟”，它的价值已与实体资本没有任何关联，具有彻底独立的价值表现形式，此时，金融工具的虚拟性大大加深了。

从动态来看，金融工具的虚拟性在其交易运动中必然呈现出来，从而使金融活动也具有虚拟性，且在金融工具的各个虚拟阶段都有体现。货币作为金融工具的初始虚拟形态，在其流通过程中，实物货币和金属货币能够发挥储藏手段职能，还是能够比较真实地反映现实经济中商品价值的运行情况，会随着经济的波动自动进入或退出流通领域。但是，当货币发展成为信用货币和电子货币之后就不再具备储藏手段职能，货币交易状况不能如实反映现实的经济动态，经常性的通货膨胀就是明证，表明货币的交易活动渐渐脱离现实经济而具备了一定的虚拟性。随着资本主义的发展，股票、债券等一大批证券类的虚拟资本成为流行的金融工具，不可否认，在诞生之初，这些证券与现实经济活动的联系比较紧密，外界可以从证券价格的波动来观察现实经济的变动，还可以据此预测现实经济的未来走向，基本上可以看作是现实经济运行的“晴雨表”。然而，正如上文中马克思早就指出的那样，证券的市场价格主要是由收益率、可靠性、利息率等因素决定，不是由所代表的背后实体资本决定，而且证券价格还带有投机的属性，随着资本主义的发展，金融市场活动形成了一套完整的脱离实体资本的自循环运动规律，

---

① 马克思：《资本论》第 3 卷，人民出版社 2004 年版，第 540 页。

1929 年美国大萧条、1997 年的东南亚金融危机等都是金融活动过度虚拟化的恶果。然而，自布雷顿森林体系解体以来，发达国家的金融自由化、发展中国家的金融深化趋势成为发展潮流，金融衍生工具迅猛崛起，高杠杆、高收益的特点满足了资本对快速赚取利润的渴求，金融资产的增长速度远远高于实体经济的发展速度，金融活动与实体经济之间的关联日益弱化，市场参与者只关注金融活动本身能否带来收益，因此使金融活动的虚拟规模越来越大，由此催生了更大的金融泡沫，例如，2008 年的美国次贷危机暴露了放纵金融衍生工具膨胀的可怕后果。

二、互联网的虚拟性

(一)互联网的虚拟空间属性

互联网的萌芽是 1969 年的美国 ARPANET(阿帕网)，自 1983 年所有计算机可以通过 TCP/IP 协议相互连接，从而组成一个庞大的网络之后，真正意义上的互联网就此诞生。

从互联网的构造来看，主要有三部分：(1)互联网基础层，它是由电子导管、集成电路、机器部件、光导纤维、卫星网络等组成的基础设施，属于物质层。(2)网络连接层，主要由网络的超链接、多媒体内容等组成，它无法脱离互联网基础层而独立存在，但属于超物质层，本身的结构由其逻辑拓扑结构决定。(3)在线空间层，它以前两层为基础，也是前两层的表现，更是网络环境中最概念化的部分，大多数客户面对的就是在线空间层。因此，根据互联网的构造分析可知，互联网首先是一种空间。因为人类社会中的空间不仅包括自然空间，还应该包括由各种关系构成的社会学意义上的空间。显而易见，组成互联网空间的各种技术相互联系会产生技术关系，这种技术关系的背后也反映了人与人之间的社会关系。比如，不同的互联网协议代表不同的技术关系，同时也反映了不同社会群体之间依据各种技术关系建立起来的形式各异的社会关系。由此看来，互联网的确是一种由技术关系和社会关系组成的错综复杂的空间。同时,互联网还是一种虚拟空间。虽然互联网离不开一定的物理基础设施,但是互联网中真正供客户活动的空间却不是由这些物理基础设施组成,而是由数据、符号、程序等按照一定逻辑组成的看不见、摸不着的无形空间,因而是一种虚拟空间。所以,互联网空间本质上是凭借互联网技术支撑、作为技术空间和社会空间统一体的虚拟空间。

(二)互联网空间对经济的"过滤"作用

互联网空间可以对现实社会进行模拟,从而使现实社会中的各种要素可以在互联网空间对应一个虚拟化的镜像。故此,互联网空间就像一条映射通道,将现实社会特别是现实经济中的产品、市场参与者、经济活动等"复制"到虚拟空间,这就为现实经济在互联网空间的运行奠定了基础。进一步讲,互联网空间以信息产品的形式代替了实体形态的产品,实现了产品的虚拟化。比如,电子书可以取代纸质书籍;以在线身份的参与者代替了现实的市场参与者,实现了市场参与者的虚拟化,如智能客服对人工客服的替代;以网络经济活动代替了现实经济活动,如网络购物代替实体店消费等。因此,互联网空间就像无形的"滤网"将经济世界一分为二:"滤网"之下是实体经济,比如实体企业、银行、市场等;"滤网"之上是实体经济中的要素被互联网空间有选择地过滤之后,以虚拟的形式再现所形成的网络虚拟经济,比如虚拟企业、虚拟银行、虚拟市场等。互联网空间充当了镜像现实经济世界的载体和平台,既无形划分了实体经济与网络虚拟经济的界限,又紧密连接了实体经济与网络虚拟经济的信息沟通。在对经济的"复制"过程中,互联网空间不是简单、盲目地将所有现实经济要素镜像到互联网空间,而是经历了"过滤"作用,赋予了被"过滤"之后的虚拟对象以新的功能和内涵,让客户在网络虚拟经济中可以有更丰富的体验,享受到更好的产品和服务。

(三)互联网空间的虚拟性分析

互联网空间可以将现实经济“过滤”并“复制”到网络空间,表明互联网空间具有一定的使用价值。当客户为使用互联网空间支付费用时,也表明了互联网空间不是免费使用,本身也具有价值。因此,互联网空间是使用价值与价值的统一体,属于商品范畴。然而,互联网空间这种商品既充当了实体经济与网络虚拟经济的中介,又是虚拟经济活动运行的载体,实现信息产品和服务的生产、交换等,可以说是特殊的商品。

同时,不管是互联网空间本身还是它提供的网络信息产品和服务,形态特征基本是无形化,比较符合虚拟商品的特征。所以,归结起来讲,可以将互联网空间看作是特殊的虚拟商品,因此,它的价值决定就比较特殊。按照马克思的劳动价值论,互联网空间的价值应该决定于生产它的社会必要劳动时间。然而,事实并非如此。

一方面,互联网空间毕竟是高科技产物,需要资本、技术、人才、政策等多方因素的大力支持才能建成,并不是人人都可以随意生产制造,基本上是那些实力雄厚的大企业或得到风险资本鼎力支持的高成长性中小企业等才会涉足这一行业,因此,互联网空间具有一定的垄断性和稀缺性。当互联网空间一旦建成,就类似于现实中的土地,可以租借给客户使用,与土地租金稍显不同的是,互联网空间所获得租金中有一部分建设时的劳动价值,比较固定,刨除这部分价值,剩余的部分就是互联网空间因垄断性以及稀缺性得到的价值,并不是由生产互联网空间的社会必要劳动时间内的劳动所创造。

另一方面,互联网空间在生产信息产品时具有复制性、规模性、共享性等三个独特的使用价值。所谓复制性,就是互联网空间可以对信息产品的原始拷贝以低廉的成本进行复制生产。规模性是指互联网空间可以在一定程度上突破资源配置的约束,信息产品的生产与需求都具有规模效应。共享性是指互联网空间中的信息产品具有非竞争性的性质，客户可以共同享有使用权。互联网空间的这三个独特的使用价值，使信息产品的初始生产成本回收之后，就可以大规模地进行复制生产，边际成本极低，甚至可以忽略不计，在生产和需求的规模效应带动下，可以为客户提供丰富的共享性信息产品。但是，成本再低的信息产品总有价格，在市场供需关系稳定的情形下，厂商也不会主动大幅度降低信息产品的价格。因此，互联网空间中信息产品的价值主要是基于互联网空间的复制性、共享性和规模性而溢出的价值，而不是由生产信息产品的社会必要劳动时间内的劳动所创造。因此，可以发现，互联网空间的价值主要由两大部分组成：一部分是租金，另一部分是信息产品的价值。但是，这两部分价值中无论是建设互联网空间的劳动价值，还是生产信息产品的成本，都占比重较小，而且后续几乎不再投入，因此，互联网空间的大部分价值并非由劳动创造，由此背离互联网空间真实的价值。所以，互联网空间的虚拟性不是针对有形的互联网的物理基础，也不是针对互联网空间中无形的信息产品与服务，而是互联网空间的价值及运行背离其真实价值的状态。

三、互联网金融的双重虚拟性

互联网金融中的业务活动大部分都是在互联网空间（一般称之为“互联网金融平台”）运行，从这个意义上讲，互联网金融平台就是一种提供金融活动的虚拟空间和载体，属于互联网空间的范畴。因此，互联网金融平台是一种虚拟化商品，价值主要由租金以及信息产品的价值组成。从租金角度看，互联网金融平台与其他互联网空间类似，会向使用的客户收取租金，租金虽然包含了部分建设互联网金融平台的成本，但主要还是基于互联网金融平台的垄断性和稀缺性，根本上是源于互联网金融平台的虚拟性。因此，从这个意义上讲，互联网金融平台的租金源于互联网的虚拟性。进一步分析不难发现，由于互联网金融平台前期建设需要投入大量资本，这些资本不管是自有资本，还是采用合伙形式、股份形式等募集的资本，抑或是以劳动、管理、技术等形式参股的资本，租金都可以看作是这些投资资本的回报，类似于银行存款获得的利息、股票的分红等，互联网金融平台实现了“资本化”，成为马克思所说的“虚拟资本”，因为马克思明确指出：“人们把虚拟资本的形成叫做资本化。人们把每一个有规则的会反复取得的收入按平均利息率来计算，把它算做是按这个利息率贷出的资本会提供的收入，这样就把这个收入资本化了。”[①]只不过互联网金融平台的虚拟资本形式不是货币、债券、股票等典型金融工具，而是虚拟化的网络空间，但同样具有金融的虚拟性。从信息产品的价值看，互联网金融平台上的产品主要是以信息产品形式存在的金融工具，这类金融工具和纸质形式的金融工具在价值内容上有所区别：纸质形式的金融工具的价值主要是以其代表或联系的实体资本的价值为基础，并受市场、利率、预期等因素影响，一般会偏离其真实价值，主要表现为金融的虚拟性；信息产品形式的金融工具的价值除了具有金融的虚拟性之外，还具有互联网的虚拟性，因为信息产品形式的金融工具也是互联网空间生产的信息产品，由于互联网空间的虚拟性具有复制性、规模性、共享性等特征，信息产品形式的金融工具的边际生产成本几乎可以忽略不计，但市场价格不可能为零，仍然可以获得收益，因此，信息产品形式的金融工具还具有互联网的虚拟性。既然互联网金融平台的两部分组成价值既有金融的虚拟性，也具有互联网的虚拟性，并且两种虚拟性不是截然分开、独立存在，而是紧密融合在一起，不仅共同体现在互联网金融平台的价值上，也体现在互联网金融平台的运行所形成的独立的金融活动中，比如，互联网金融平台的价值主要受市场供求、利率波动、政策变更等变化的影响，故此，互联网金融的双重虚拟性是指互联网金融具有金融虚拟性和互联网虚拟性的融合性特征，在运行过程中呈现出独立于甚至脱离实体经济的状态。

---

① 马克思：《资本论》第3卷，人民出版社2004年版，第528～529页。

第三节 叠加风险的内涵、特征与类型

互联网金融风险是融合了金融风险和互联网风险,并以二者为基础形成的叠加风险,呈现出快速扩散性、交叉传染性、广泛渗透性、瞬息爆发性、跨越时空性、高度敏感性等特征,可以从金融与互联网两个层面来划分互联网金融叠加风险的类型,以此具体了解和准确把握各类风险。

一、叠加风险的内涵

经济活动一般会面临着各种不确定性,导致经济活动的最终结果偏离预期目标,造成经济损失而发生各种风险,它的存在具有普遍性和客观性。按照王勇等学者的解释,风险的定义包含多种类型,主要有:(1)结果的不确定性即是风险,因为人们不可能完全确定事物未来发展的状态,导致事物的不确定性状态可能带来盈利或损失;(2)风险是在0～1概率范围之内波动的各种结果的可能性,风险发生的可能性与概率的大小成正相关;(3)风险是实际结果偏离期望值的状态,既包括下侧风险——发生损失的波动,也包括上侧风险——发生盈利的波动;(4)风险是指发生损失的可能性;(5)预期目标受到未来不确定性的影响,产生的影响结果即是风险。[①] 由此看来,风险的含义比较丰富,其主要特征就是各种不确定性因素会影响并导致经济活动的结果具有多种可能性。一般而言,市场的波动性越大,比如金融资产的价格出现大幅度涨跌、市场秩序因突发事件冲击而强烈震荡等,都会造成不确定性因素增加或发生概率增大,导致经济活动偏离预期结果的可能性增强,那么,风险性自然而然也就越大。为此,通过分析市场波动性的状况可以了解风险的整体态势。

---

① 参见王勇、隋鹏达、关晶奇:《金融风险管理》,机械工业出版社2014年版,第2～4页。

互联网金融同样会面临各种内外不确定因素，比如自然灾害、经济波动、政策变化等，导致互联网金融的预期结果与实际结果之间发生不一致。因此，互联网金融的风险是指互联网金融业务活动受各种不确定性等因素的影响，最终结果与预期结果发生偏离的可能性。进一步讲，互联网金融既然是金融与互联网的融合形成的新型金融，必然具有金融风险与互联网风险。例如，金融市场中的利率波动、信用违约、产权模糊等会造成金融风险，互联网市场中的技术漏洞、信息泄露、黑客攻击等会造成互联网风险。这两种风险不是相互独立、相互隔绝，而是相互影响、相互作用，共同组成了互联网金融风险的主要部分，并由此诱发或衍生出了其他风险。因此，互联网金融风险是以金融风险和互联网风险为主，并在二者基础上形成的二重性风险。

二、叠加风险的特征

互联网金融的风险因为融合了金融风险与互联网风险，并且深刻受到互联网金融虚拟空间的影响，所以在风险的产生、传播、影响等诸多方面都比传统金融风险更复杂，也更有特色，呈现出快速扩散性、交叉传染性、广泛渗透性、瞬息爆发性、跨越时空性、高度敏感性、监管滞后性等特征。

1.快速扩散性

互联网金融以虚拟化的网络空间为运行基础，背后依靠互联网技术的有力支撑，具有高效快速的远程处理功能，拥有全时空的信息传输能力，可以在短时间内将金融业务活动的有效信息快速传递到各个市场，甚至可以实现信息的自动传递。但是，任何事物都有两面性。从有利的一面来看，互联网技术现已发展出云计算、大数据等更为先进的技术手段，网速也由 2G 提升到 5G，未来还有望再提升到 6G 甚至更高，确实为金融服务的效率、质量、模式等提供了不可或缺的 IT 技术支撑。从不利的一面来看，互联网技术传递的金融信息并非全部是有效信息，也包括金融风险信息，无论是客观的金融风险，还是主观的金融风险，互联网技术都可以将其迅速传播到市场。例如，在传统金融业务活动中，信息主要以纸质材料为载体进行传播，对于因为各种因素造成的金融风险，不管这种风险是由人为的偶然性差错造成，还是由不可抗拒的自然灾害等外因造成，都会留有一定的时间去纠正和弥补，至少不可能在极短的时间内将风险传播到各个市场，而在互联网金融的虚拟空间中，高速的信息传递则大大减少了纠正和弥补金融风险的回旋余地。比如客户在互联网金融平台按下回车键确定交易完成后，即使立刻意识到交易存在风险也不能更改，因为互联网技术已经根据指令完成了整个交易流程，金融风险会迅速传播、扩散到各个市场以及相关主体。

2.交叉传染性

传统金融一般是独立营业、各自监管，国家提供有力的信用保障，风险的爆发源头、传播路径、影响范围等可以被有效控制在一定领域，发生大面积风险传染的概率较小。但是，互联网金融却很难做到这一点。从技术上讲，各个互联网金融平台之间依靠互联网技术彼此联络、相互影响，组建起一个错综复杂、联动紧密、互动频繁的网络化金融形态，任何单一节点如果不与其他节点建立联系就无法独立运营。那么，互联网金融平台之间的物理隔离就显得比较脆弱，不像传统金融可以借助特许经营、分业经营等方式将风险的源头彼此隔离，将风险的影响控制在有限的范围，减轻风险的交叉传染。从业务上讲，互联网金融为了拓展市场规模，也为了更好地分散风险，不可能只从事单一的金融业务，固守僵化的投资模式，而会开展跨界经营、混业经营乃至跨国经营等。因此，互联网金融平台之间、互联网金融机构与传统金融机构之间、国内互联网金融与国外互联网金融之间等，实现了深度的业务交叉与合作关系，任何一家互联网金融平台发生风险，在缺乏国家信用这个“最后贷款人”的情形下，风险会迅速波及业务相关的金融机构。因此，互联网金融的任何一个节点发生风险，无论是从技术上还是业务上都无法将风险化解在独立的时空中，风险会像多米诺骨牌那样传染到有交叉业务关联的金融机构。

3.广泛渗透性

互联网金融具有普惠金融的特点，即比传统金融的门槛更低、受众面更广、公众参与性更强，可以为社会各界人士提供碎片化、个性化的金融服务，因此受到了众多中小企业、社会低收入群体的青睐，他们是金融长尾市场中金融需求量大却长期被传统金融忽视的中小客户群体。

从投资的一方来看，中小客户为了得到更高的投资回报，一般不愿将手中的资金全部存放在银行，低微的储蓄利息对他们而言缺乏吸引力。受互联网金融理财宣传广告的影响和高额回报的吸引，中小客户会将部分资金配置在互联网金融提供的收益更高的理财产品。

从融资的一方来看，部分中小企业、缺乏担保的社会低收入群体等贷款难、贷款成本高的现象屡见不鲜，传统金融从控制风险的角度考虑一般不会主动为其提供融资服务，互联网金融的出现化解了这一难题，为中小客户的融资提供了平台，解决了他们融资难、融资贵的难题。

但是，无论是投资方还是融资方，中小客户普遍存在金融知识匮乏、风险意识薄弱的劣势，导致投资方承担风险的能力有限，而融资方出现违约风险的概率频频发生。因此，互联网金融虽然满足了金融市场中大量中小客户的金融需求，但是，由于互联网金融参与者众多，信用状况良莠不齐，一旦发生风险，互联网金融也会将风险的危害和影响广泛渗透到千千万万的中小参与者，处理不慎甚至会引发群体性事件。

4.高度敏感性

互联网金融平台不仅仅是一个提供金融交易的平台，而且是一个为客户提供各类金融资讯、投资信息、热点新闻等关乎金融市场发展的新闻媒体平台，也是一个为客户提供咨询服务、供客户交流投资经验的互动平台，从而为客户及时掌握金融市场动态、积极把握投资机会、解决投资疑难问题等提供了丰富的信息参考资料。因此，互联网金融从本质上讲是一个信息开放、共享的金融服务平台，客户对外界发生的任何重大事件都可以及时了解掌握，还可以在互联网平台就各类重大事件发表意见，同其他投资者进行交流。然而，客户的风险偏好、认知能力等千差万别，对影响金融市场的各类信息也会作出不同的反应，特别是对突发的重大事件极为敏感，不管这一重大事件是确定无疑的透明信息，还是故意编造的虚假信息，抑或是来自个别人士的内幕消息、传言、谣言等，客户都可能会过度解读，认为可能带来重大利好或利空，作出有违于理性的投资决策，从而使个别客户承受重大风险。由于客户在平台上的频繁互动，又会将风险带来的悲观情绪迅速传播，带动那些缺少主观判断分析能力的客户盲目跟风，这种"羊群效应"会使风险迅速蔓延扩大。[①] 当突发事件平息或相关部门辟谣之后，即使客户意识到突发事件本身带来的风险没有预期的严重，也不得不接受因为高度的敏感性而造成的风险。

5.监管滞后性

互联网金融作为一种新型的金融形态，既符合经济发展的潮流，又得到了政府的大力支持，因此在我国得到了快速的发展，至今方兴未艾。然而，对其风险的监管却没能跟上互联网金融发展的速度，更多情形是互联网金融爆发风险之后倒逼相关部门制定监管措施，监管方面具有很大的滞后性。由于互联网金融是新生事物，无监管经验可循，即使借鉴国外监管经验，也得结合中国国情才能发挥实效，建设一套适合我国互联网金融风险监管的体系需要一定的时间，监管的滞后性在所难免。但是，从互联网金融业务活动的虚拟性、创新性等特点来看，监管的滞后性需要引起高度重视。因为互联网金融业务活动中的交易、清算、咨询等大部分是在网络虚拟空间中运行，并且可以突破时间和空

---

① 参见王倩、吴承礼:《互联网金融风险的生成机理分析》，载《社会科学辑刊》2016年第5期。

间的限制,持续、高频地进行金融交易。一旦发生风险,互联网金融的虚拟性使监管部门很难在短时间内查找风险的源头、传播路径以及评估风险的危害程度,以属地划分的金融监管部门对属地之外造成风险的因素无计可施,从而延迟了监管时间。

另外,互联网金融的创新活力十足,为了吸引客户以及提高市场竞争力,不同互联网金融平台会积极进行业务创新,满足不同客户的需求,也会尝试开展其他平台推出的创新业务,争夺对方的客户资源,形成了盘根错节的混业经营模式。这样,监管制度既不能针对千变万化的创新业务模式实行一对一监管,也不能朝令夕改随意修订,只能在风险爆发之后再作调整,延误了监管的时效性。特别是监管部门主要是以分业监管为主,对互联网金融中的混业经营模式无法形成协调一致的监管行动,在应对混业经营的风险时,许多宝贵的时间浪费在协调各部门的行动中,不能及时防控风险。

三、叠加风险的类型

互联网金融的风险是以金融风险与互联网风险为基础形成的叠加风险,因此,可以从金融与互联网两个层面划分互联网金融的叠加风险的类型。从金融层面来讲,互联网金融的风险主要有市场风险、信用风险、流动性风险、操作风险等。从互联网层面来讲,互联网金融的风险主要有技术风险、信息安全风险、声誉风险、行业风险、法律风险等。

(一)金融层面的风险类型

互联网金融在本质上仍然属于金融的范畴,金融领域发生的风险照样会发生在互联网金融领域。因此,从金融层面来讲,互联网金融必定会蕴含传统金融的风险,主要包括市场风险、信用风险、流动性风险、操作风险等。

1.市场风险

互联网金融的市场风险是指市场中的利率、汇率、商品价格、金融工具价格等各种价格波动使互联网金融的预期结果与实际结果可能发生偏离的不确定性。通常来讲，市场中各种价格的波动会直接或间接地对互联网金融产生影响。当互联网金融的资产或负债的变动直接与相关市场价格因素挂钩时，那么互联网金融受市场价格波动的影响直接而明显；当市场价格的波动通过第三方因素如互联网金融平台的竞争对手、监管机构、业务关联方等影响互联网金融时，其影响就是一种间接影响。无论直接影响还是间接影响，都会给互联网金融带来风险，风险的大小虽然事前无法确切预知，但是从总体上讲，互联网金融的市场风险的大小与市场本身的成熟度密切相关，市场的成熟度越高，互联网金融发生市场风险的概率就越小。当然，从具体情形来看，互联网金融的资产或负债与不同市场价格的相关程度也相当重要，对市场风险的大小有重要影响。一般而言，存贷利率、拆借利率等相对于股票价格、期货价格、债券价格等而言价格波动性较小，互联网金融的资产或负债与其关联程度的高低也决定了其市场风险的大小。目前，互联网金融中的网络理财产品、P2P 网络借贷、网上银行、手机银行等都会受到金融市场中各种价格尤其是利率的影响，需要密切关注其所面临的市场风险。

2.信用风险

在互联网金融的交易活动中，交易主体中的一方因为各种原因，合约到期后不能履行或不完全履行约定义务，比如偿还贷款或债务，从而导致另一方发生损失的可能性称为互联网金融的信用风险。信用风险是一种非常古老也是金融市场中特别重要的风险，处理不慎会对互联网金融的发展造成巨大损害，社会信用体系的不健全、抵押担保不完善、经济周期的波动等都会引发信用风险。在互联网金融的业务活动中，互联网金融平台与人民银行的征信系统还未实现对接，平台之间的信息共享机制没有普遍建立，互联网金融平台很难借助第三方机构准确评价交易各方的信用状况，更多是依靠平台自身的技术搜集、整理、分析、判断交易各方信用状况。但是,各个平台的信用审核标准以及大数据技术没有统一的标准,因此,在社会信用体系不健全的情况下很难规避信用风险。虽然抵押担保制度会降低信用风险发生的概率,但是互联网金融的服务对象大多是中小企业、社会低收入群体等,融资规模不大,几乎不需要抵押担保,只需要详细披露自己的信息即可,互联网金融的这种普惠金融性质使那些信用状况不良的企业、个人等也具有了融资资格,更容易发生信用风险。如果进一步考虑到经济周期的影响,可以发现,当经济下行时,信用风险爆发的概率会大增。在当前的互联网金融模式中,P2P 网络借贷、小额贷款等属于信用风险的高发行业。

3.流动性风险

互联网金融平台或机构在某个时点无法提供充足的资金以应付诸如投资、提现、转账、支付等流动性需求的不确定性即是流动性风险。按照成因,可以将其分为两大类:一类是不能以合理的成本筹集资金偿还债务的流动性风险;另一类是不能以合理的成本筹集资金进行投资而失去盈利机会的流动性风险。流动性风险的成因比较复杂,期限错配、备付金制度欠缺、资金挪用、技术障碍导致的互联网金融平台运转失灵等都会引发互联网金融的流动性风险。传统金融机构有健全、严格的存款保险制度、风险准备金以及风险资产拨备制度,比如法定存款准备金制度、再贷款制度等。根据监管规定,传统金融机构会按照持有的资产结构、规模、特点等计提相应的存款保证金,以备坏账、挤兑等出现的资金风险,防范资金链断裂出现,保证充足的资金流动性。然而,互联网金融基本上不受法定存款准备金制度的约束,无法参与到银行之间的市场拆借,也不能像传统金融机构那样向央行这个“最后贷款人”申请再贷款。因此,如果互联网金融平台出现期限错配导致投资期限较短的资金不能及时收回,或者技术障碍导致平台暂时不能提现、转账等,会向投资者传递平台出现重大危机的假象,当大量的风险保守型投资者纷纷提现或提前赎回时，或者客户需要撤资转投其他盈利更高的理财产品时，互联网金融平台不能依靠存款保证制度满足流动性需求，甚至出现限额提现、挤兑风潮等流动性风险。

4.操作风险

互联网金融的操作风险是指由于人员操作失误、内部流程不当或失效、系统自有缺陷以及外部事件的冲击造成互联网金融发生直接或间接损失的可能性。互联网金融对网络技术的运用和改进在一定程度上弥补了部分操作风险，但从另一方面也放大了操作风险。操作风险产生的原因部分是由于人为操作失误造成。众所周知，互联网金融的迅速扩张需要大量从业人员，有时不得不降低门槛招募一些员工，或者有时没有对员工的道德素质、业务水准、风险意识等提出严格要求，致使员工容易违背互联网金融的业务操作流程、操作规范、注意事项等，出现违规操作或操作不当所导致的操作风险。客户对互联网金融的技术特点、界面风格、流程规范等掌握程度、熟悉程度不同，操作习惯也千差万别，在互联网金融业务中难免出现操作失当或失误，引发操作风险。

当然，互联网金融对技术的高度依赖决定了技术层面的缺陷、障碍等也是造成操作风险的重要源头。比如软件设计缺陷、网络程序漏洞、防御体系欠缺、操作系统紊乱等，导致交易主体在进行业务操作时，因为技术故障导致操作指令出现失误、操作流程缓慢等引发操作风险。

总之，所有的互联网金融模式都有可能产生操作风险，并且互联网金融的时效性、快捷性使一个微小的操作失误都有可能演变成系统性的风险。随着互联网金融的快速发展，操作风险爆发的频率也在增加，正越来越成为互联网金融面临的重要风险。

（二）互联网层面的风险类型

互联网金融主要是在互联网虚拟空间开展金融业务活动，除了金融风险之外，还包括由于互联网技术的应用、创新等与传统金融相互影响形成的风险。从互联网层面来讲，这些风险主要包括技术风险、信息安全风险、行业风险、法律风险、声誉风险等。

1.技术风险

如果互联网金融所依赖的网络支撑技术发生故障，或者网络支撑技术本身具有无法克服的固有缺陷，从而导致金融业务活动的最终结果偏离预期结果的不确定性即是技术风险。互联网金融平台是一个互联网虚拟空间，主要由基础层、连接层、在线空间层等三部分组成，每一部分都需要坚实的技术支撑，如果出现技术故障，则有可能使整个互联网金融平台瘫痪。然而，互联网技术发展至今，始终被诸如计算机病毒、黑客攻击、技术壁垒、兼容壁垒等困扰，成为互联网金融不得不面对的技术风险。无论是从互联网系统的开放性还是互联网技术的脆弱性来看，互联网金融的支撑技术都带有安全隐患。因为互联网金融的虚拟空间是一个开放、共享、多元的互联网系统，不同于传统金融机构相对独立和封闭的内部信息系统，这使互联网金融平台容易受到不法分子的网络攻击而出现各种故障，例如交易暂停、数据失真、系统紊乱等，从而产生不可避免的技术风险。当然，我国互联网金融正处于发展阶段，很多互联网金融平台的技术系统主要是通过购买或外包形式取得。但是，一些互联网金融平台受制于成本约束，或是为了最大限度节约成本，只能采用一些陈旧的技术系统或设计上有漏洞和缺陷的技术系统，导致互联网金融平台的技术系统与客户使用的终端软件的兼容性差、TCP/IP 协议的安全性不高、防火墙能力欠佳等。这些源头上的技术缺陷使互联网金融平台的支撑技术十分脆弱，容易爆发技术风险。

2.信息安全风险

互联网金融的各交易主体在金融活动中的交易信息会被互联网金融平台记录并储存，这些信息因遭受泄露、篡改、滥用、盗用等而给各个交易主体的资产带来重大损失的不确定性即是信息安全风险。依靠大数据、云计算、搜索引擎、社交网络等，互联网金融可以获得各个交易主体在金融业务活动中的各种信息，不仅包括客户的账户信息、身份信息、交易信息、地址信息等基本信息，而且包括互联网金融平台依据基本信息对客户的风险偏好、交易习惯、投资兴趣等进行分析、判断、预测所得到的综合信息。然而，因为技术、制度、交易主体等存在各种缺陷，这些信息在互联网空间的登录、搜集、储存、查询、传播等过程中有可能发生各种安全风险。例如，TCP/IP 协议族是当前互联网采用的传输协议，在追求简单高效的数据传输过程中，对信息交流通道的畅通十分看重，却对安全性问题重视不足，导致互联网的密钥管理存在漏洞、信息加密程度不高，黑客容易窥探、截获、盗取传输过程中的数据信息。除了技术漏洞给不法分子以可乘之机以外，某些互联网金融平台为了谋取私利而监守自盗，也会将客户的一些隐私信息贩卖给其他商业机构甚至不法分子，增大了客户信息被滥用、盗用的风险。当然，有的客户因为自身疏于防范，轻易将个人信息透露给他人，或者因为联网需要，不慎链接一些非法的 WiFi 热点、登录未经验证而需要输入个人信息的诈骗网站等，都会发生信息被窃取、被篡改等风险。

3.行业风险

互联网金融受行业内外的竞争、监管等各种因素影响可能产生竞争力下降甚至破产、倒闭等现象，由此所导致的市场各方参与者发生损失的不确定性即行业风险。互联网金融作为新生事物，吸引了社会各方力量的踊跃参与，使这一新生行业雨后春笋般涌现出了众多的互联网金融模式以及创新型的金融产品和服务，形成了激烈的竞争格局。有竞争就有成败，因盲目扩张、过度竞争、非法垄断等市场行为造成的个别互联网金融平台萎缩、破产、倒闭的现象在所难免。当前大多数互联网金融模式还无法撼动传统金融的主体金融地位，提供 P2P、第三方支付、众筹等业务的互联网金融平台在资金划转、拨付、清算等方面还不能完全脱离传统金融机构，比如互联网金融平台的客户必须要绑定某一银行卡号才能实现理财、支付、转账等。因此，若是传统金融限制或拒绝提供互联网金融的某项业务支持，将会使互联网金融失去吸引力甚至寸步难行。同时，互联网金融因为市场准入门槛低、监管薄弱、法制不健全等，导致缺乏经营资质的个人、企业、机构等扎堆那些投资周期短、见效快、风险高的互联网金融业务，出现了野蛮生长、盲目扩张的现象，彼此之间的同质竞争、过度竞争很容易引发整个行业的发展泡沫，市场的过度饱和必然导致部分互联网金融平台破产、倒闭等而强行实现市场供需平衡。无论是何种原因导致互联网金融破产、倒闭，都会使市场参与者面临各种意想不到的风险。

4.法律风险

互联网金融违反相关法律法规或缺乏专门监管互联网金融的法律法规都会导致互联网金融陷于法律诉讼、行政处罚、禁止准入等困境，由此造成的互联网金融暂停运营、被迫倒闭等而导致各参与主体面临损失的不确定性即法律风险。目前，互联网金融正处在发展的初期阶段，各种创新型的业务模式纷纷涌现，在满足社会对金融服务需求的同时，一些违法现象也层出不穷。例如，一些互联网金融平台无视法律约束，推出带有高利贷性质的理财业务，对投资者承诺高额回报。然而，一旦出现违约现象，平台可能无法兑付高额回报的承诺，甚至本金都无法偿还，可能会被监管部门勒令整改、关停甚至破产清算。更严重的是，某些平台一开始就以高额回报为诱饵，非法吸收投资者存款，已涉嫌集资诈骗，一旦骗局被曝光则卷款外逃，从而给客户带来巨大的财产损失。当前，针对互联网金融的法律法规还不健全，对互联网金融的资金监管、业务范围、营业牌照、信息维护、市场准入、交易主体身份认证、交易各方权利与义务、电子单据有效性确认、网络纠纷调解等缺乏专门、细致、明确的法律规范。因此，当出现互联网金融的违法现象时，或者某些互联网金融平台钻法律空子，故意将非法业务拓展到监管的灰色地带，监管部门不能依法有针对性地及时给予监管，从而进一步滋生、纵容了互联网金融违法现象的发生，给互联网金融的各方参与者带来更大风险。

5.声誉风险

互联网金融平台因为受到各种因素的不利影响致使平台在市场中的声誉受损,而导致平台本身以及客户遭受各种损失的不确定性即是声誉风险。互联网金融的声誉是一种无形的资产,对互联网金融平台而言,良好的声誉就是客户对互联网金融平台的服务、技术、能力、功用等进行评价后所形成的良好口碑,它可以在客户中口口相传,具有吸引新客户、巩固老客户以及扩大市场影响力的作用。然而,互联网金融的声誉在瞬息万变的市场活动中又显得非常脆弱,技术故障、信用缺失、意外事故、经营不善、虚假信息等都有可能给互联网金融平台的声誉蒙上阴影。因此,互联网金融平台为了维护良好的声誉,会不定期对技术系统进行排查、维修、升级等,还会对客户施以返现、红包、优惠券等手段获取用户好评。但是,良好的声誉一旦出现污点,就会在互联网的迅速传播过程中被无限放大,造成的负面影响反过来又会加速声誉的败落。而且,互联网金融声誉的高低可以通过其综合排名反映出来。因为互联网金融平台会经常被其他机构依据综合表现进行排名,这可以看作是声誉高低的表现,从而为客户选择互联网金融服务对象提供了导向和参考。如果某家互联网金融的排名下滑,则表明其声誉出现了滑坡,带来的后果不仅仅是平台本身业绩下滑、客户流失,还有可能导致客户盲目撤资、跟风挤兑等,由此衍生出信用风险、流动性风险等,使平台和客户都有可能发生损失。

第四章　互联网金融的双重虚拟性引致叠加风险的机理分析

无论是金融的虚拟性还是互联网的虚拟性，都会使互联网金融在运行过程中可能出现规模过度膨胀，从而发生偏离实体经济的风险。从这一视角看，互联网金融的双重虚拟性致使互联网金融产生了叠加风险。从具体的作用机理来看主要包括四个方面内容：(1)互联网金融双重虚拟性的形成是叠加风险产生的主要基础；(2)互联网金融本质上还是金融，双重虚拟性中的金融虚拟性使互联网金融天然具有传统金融的风险；(3)双重虚拟性中的互联网虚拟性使互联网金融难以撇开互联网风险而独善其身，在金融风险的基础上又叠加了互联网风险；(4)叠加风险的形成在不同的互联网金融模式中具有不同的表现。

第一节　双重虚拟性的形成是叠加风险产生的基础

按照马克思的劳动价值论，价值是指"无差别的人类劳动的单纯凝结"[①]。但是，在商品经济条件下，有些物品本身不是人类劳动的产物，自然没有凝结无差别的人类劳动，却能够在市场上如商品一样买卖而

① 马克思：《资本论》第1卷，人民出版社2004年版，第51页。

具有价值,如金融资产[①]、自然资源[②]等。但是,这种价值不是由劳动创造,而是其他因素造成(比如垄断、稀缺、产权分离等),因而是一种虚拟价值,属于马克思所说的"虚假的社会价值"的范畴,马克思明确指出:"这是由在资本主义生产方式基础上通过竞争而实现的市场价值所决定的;这种决定产生了一个虚假的社会价值。"[③]虚假的社会价值同样不是由劳动创造,而是来源于部门间的价值转移,马克思在分析农业地租时曾指出,垄断是产生虚假的社会价值的原因之一。基于马克思的理论认识,可以更深入地理解虚拟价值具有一定的使用价值、非劳动创造、源于垄断或其他因素等特点。互联网金融的虚拟价值具备这些特点,它是虚拟价值在互联网经济中的特定表现形式,虽然互联网金融平台的价值中的确包含一部分劳动价值,但更多是由于金融的虚拟性以及互联网空间的虚拟性所带来的虚拟价值,因而是一种双重虚拟价值。可以将互联网金融中的劳动价值与双重虚拟价值之和称之为互联网金融的"广义价值"[④],它的价格不是以劳动为基础,应该称之为"虚拟价格",按照马克思的相关论述,它是一种"虚幻的价格形式"[⑤]。从长期来看,虚拟价格基本上是围绕广义价值上下波动,具有长期一致性,故此可以认为虚拟价格等于广义价值。

如前所述,互联网金融的虚拟价值主要来源于租金中的虚拟价值与信息化金融工具的虚拟价值,并且这两部分虚拟价值都是由金融的虚拟性和互联网的虚拟性共同作用带来的价值,因此,互联网金融的双重虚拟性使其价值带有双重性。因此,从虚拟价值的视角看,分析互联

---

① 参见李翀:《马克思的劳动价值论与金融资产的虚拟价值》,载《中国人民大学学报》2001年第4期。

② 参见马艳、李韵:《虚拟价值理论及现代性分析》,载《复旦学报(社会科学版)》2012年第1期。

③ 马克思:《资本论》第3卷,人民出版社2004年版,第744~745页。

④ 参见郭白滢、马艳:《网络虚拟价值的理论分析与实证检验》,上海财经大学出版社2011年版,第110页。

⑤ 马克思:《资本论》第1卷,人民出版社2004年版,第123页。

网金融的双重虚拟性必须紧密围绕其双重虚拟价值，才能从本质上深刻洞悉互联网金融双重虚拟性的形成机理。

一、金融基础设施的虚拟化是双重虚拟性形成的基础

传统金融基本上是在有形的物理介质基础上运行，比如银行大楼、证券大厅、服务柜台、客服人员、投资顾问、金融工具、合同文本、业务流程等都是有形存在，以此组成了一个有形的物理空间，构成传统金融运行的基础设施。互联网金融则是将这一传统金融运行的基础设施，即有形的物理空间，“复制”到网络虚拟空间，形成了互联网金融虚拟平台，并且具有诸多优良的使用价值，这为互联网金融的双重虚拟价值的形成奠定了基础。其中，在互联网金融的使用价值中，除了具有节约成本、去中介化、提升服务效率、普惠更多客户等使用价值以外，还具有优化信息产品的独特使用价值，形成了信息主体诚信化、信息采集全面化、信息处理高效化、信息结构差异化等四大特征，赋予了互联网金融核心产品——信息——具有真实可靠、简约实用、快速交易、个性服务等使用价值，为信息产品乃至整个互联网金融的虚拟价值生成奠定了坚实基础。

1.信息主体诚信化

互联网金融依靠云计算技术和大数据优势，可以将客户的诚信或不诚信的交易行为一一“记录在案”，完整系统地储存在互联网金融数据库，建立起了客户的电子流水诚信档案，而且以信用积分的量化形式显示客户的诚信水平。因此，那些拥有高信用积分的客户可以在互联网金融平台获得更好的发展机遇，而诚信水平欠缺的客户会受到惩罚以及各种制约，无形中建立了一个信息相对充分和有效的重复博弈机制，避免“一锤子买卖”现象的发生，从而改变了客户的信息传递偏好，即客户更倾向于传递自己的各项诚实信息。

2.信息采集全面化

传统金融在采集客户信息时，一般采用人工统计、纸质问卷、抽样调查、实地访查等形式，采集速度较慢，样本数量有限，主观因素较大，采集到的信息较为片面。互联网金融则主要采用标准化的网络问卷、在线测评、限时调查等形式采集客户信息。由于网络形式的信息采集方式不受时空限制，可以随时随地借助互联网向特定或不特定群体大规模进行信息采集，相关问卷、测试题目等还利用现代心理学相关知识进行精心设计，力求公正、客观，即使是机构或个人等不愿披露的信息，也可利用采集到的大数据样本信息进行有效推断，因此，互联网金融的信息采集具有快捷性、即时性、客观性等特征，信息采集更为全面。

3.信息处理高效化

互联网金融平台积累了大量的资金供需双方的零散信息，借助互联网技术可以对这些信息进行标准化、组织化处理，构建动态更新、时间连续的信息序列，从而持续跟踪相关客户的信息动态，及时辨识不同金融主体的相异金融行为。这样，互联网金融平台中的金融企业或机构就可以在这些连续性信息的基础上补充、完善、矫正客户的信息资料，为那些急需交易的客户提供最及时、有效的供求信息。因此，互联网金融将单一化、片面化、零散化的客户信息整合为标准化、系统化、结构化的信息链条，搭建了一个透明、灵敏的市场交互平台，减少了信息的不对称性，由此，互联网金融高效处理并匹配了供需双方的信息。

4.信息结构差异化

互联网金融十分注重客户体验，经常就自身的服务质量、软件性能、业务特色等向客户征询意见，形成频繁、良性的互动，及时掌握客户的真实需求，有针对性地为新老客户提供他们感兴趣的信息服务。比如，针对风险偏好型的客户，提供高回报、高风险的投资信息；针对风险厌恶型的客户，可以提供稳健型投资信息。这样就能有区别地对不同客户群体提供差异化的信息服务，甚至实现“一对一”的信息服务，真正做到“以客户为导向”，实现信息服务的差异化。

二、双重虚拟性中金融虚拟性的形成机理

首先，产权与信用是金融虚拟性形成的两大基础。任何事物都有其存在和发展的基础，所谓“皮之不存，毛将焉附”即是这个道理。金融虚拟价值看似“虚拟”，实际上，产权与信用是金融虚拟价值形成以及演进的两大基础，产权是经济所有制关系在法律上的表现形式，包括所有权、占有权、使用权、支配权、处置权、收益权等，具有权利可分割性、流动独立性等特点。信用在经济学意义上是指以还本付息为条件、资本使用权暂时让渡的借贷行为，诚实守信的道德品质有助于信用关系的建立与发展。互联网金融价值中的两大虚拟价值——租金中的虚拟价值与信息化金融工具的虚拟价值——就是在此基础上形成并发展起来。

其次，关于租金中虚拟价值的形成。从产权关系看，互联网金融平台反映了资本所有权与使用权的分离。互联网金融的运营需要大量的资本投入，资本的所有者可能来自个人、机构、企业、政府等，但是，这些资本的所有者并非全部参与互联网金融的运营，而是将资本交给专门的管理者去建设互联网金融平台以及改进、维护等。因此，资本的使用权与所有权发生分离，正是这种产权分离，才使那些缺乏资本但富有创业精神、先进技术、管理经验的创业者募集到足够资本去涉足互联网金融行业，虽然互联网金融平台的所有权属于投资者，但是创业者可以拥有管理、运营、使用互联网金融平台等企业法人所有权。从信用关系看，互联网金融平台反映了资本的借贷关系。互联网金融平台的租金收入需要作为资本的回报定期分发给资本所有者，实际上是资本所有者对前期借贷资本的回收，体现了投资者与创业者之间的资金借贷关系。因此，可以看到，投资者先是将资本的使用权转让给创业者使用，待互联网金融平台投入运营后，创业者才能以租金形式回报资本所有

者。一旦租金完全补偿互联网金融平台的成本之后，后续的租金则完全是由于垄断所带来的虚拟价值。

最后，关于信息化金融工具的虚拟价值的形成。信息化金融工具与一般金融工具在反映产权关系和信用关系方面没有本质区别。一方面，信息化金融工具代表资本所有者权益凭证，表明投资者拥有资本所有权，而将资本使用权转让给发行信息化金融工具的一方；另一方面，信息化金融工具表明投资者可以凭此索取回报，发行信息化金融工具一方有义务还本付息或派发红利等，故此，它又是信用关系的凭证。由于信息化金融工具本身没有价值，只是反映产权关系与信用关系的凭证，并以此为基础进行流通转让，它的市场价格受多种因素影响会经常偏离其代表的实体资本价值，甚至完全脱离实体资本的价值，因此，信息化金融工具的价值是一种虚拟价值。

三、双重虚拟性中互联网虚拟性的形成机理

互联网金融的运行载体是虚拟化的互联网空间，因此，互联网金融的虚拟价值的形成离不开网络虚拟性，由此形成了互联网虚拟价值，成为互联网金融的虚拟价值的一个重要组成部分。若从具体形成机理来看，又有所区别：租金中的互联网虚拟价值主要是由于互联网金融的垄断性，信息化金融工具中的互联网虚拟价值主要是源于网络生产方式的复制性、规模性和共享性。

互联网金融平台虽然类似于股票、债券等金融工具，具有形成金融虚拟价值的基础，但是，与一般金融工具相比，它的虚拟价值的形成途径有所不同：传统的金融工具，如股票、债券等，基本上是在市场交易中赚取买卖差价形成虚拟价值，而互联网金融平台不可能像股票、债券那样自由流通、买卖等，难以从买卖差价中获得虚拟价值。然而，互联网金融平台所依赖的互联网技术属于高新技术而具有垄断性，普遍表现出完全垄断或寡头垄断特征，例如，“支付宝”占有第三方支付行业的半

壁以上江山,P2P 网络借贷中形成了“陆金服”“红岭创投”“拍拍贷”等几大寡头。因此,互联网金融平台处在一种卖方市场的地位,可以制定高于建设平台成本的租金价格获取垄断利润,从这一点讲,租金中的虚拟价值是凭借互联网技术的垄断性而获得,属于互联网虚拟价值。

信息化金融工具既是金融工具,又是信息产品,因此,信息化金融工具除了金融虚拟价值以外,还比传统的纸质金融工具多了一部分互联网虚拟价值,其产生途径主要来自互联网生产方式的复制性、规模性、共享性。从复制性来讲,由于信息化金融工具以数字形式存在,前期的研发投入成本较高,待原始拷贝生产出来形成标准或母版,以后的生产过程主要是大规模复制生产,边际成本几乎忽略不计,信息化金融工具形成了高固定成本加极低的边际成本的成本结构,待产品的销售收入弥补固定成本之后,以后售出产品的收入就形成了虚拟价值。从规模性来讲,一种情况是具有垄断地位的互联网金融平台在生产信息化金融工具时,其生产规模占有很大市场比重,可以通过技术升级、专利保护等降低生产成本,比中小生产者的生产成本更低,在市场竞争中,通过转移后者的价值形成虚拟价值;另一种情况是,信息化金融工具的传播主要是网络传播,用户群体十分庞大,用户规模的扩大使信息化金融工具的使用价值也越大,互联网金融平台凭借垄断地位可以将这种互联网的正外部性内部化,形成互联网虚拟价值。从共享性来讲,互联网金融平台的信息具有一定的共享性,比如各种报表、统计数据、研究报告等,而且通过互联网传播,共享效率得到提高,提升了平台在客户中的影响力,无形之中有助于信息化金融工具销售收入的提升,使共享性收益得以提高。除此之外,共享性还有助于平台之间学习、模仿彼此的优点,改进管理方式,优化生产技术,降低生产成本,这也是虚拟价值的来源。

第二节 金融虚拟性使互联网金融传承传统金融风险

互联网金融从本质上讲仍然是金融，具有金融虚拟性以及由此引发的各种风险。因此，互联网金融从本质上就具有金融风险产生的内在基础。并且，互联网金融的中介功能发生了新的变化，在保持金融中介功能的基础上，信息中介的功能日益凸显，这使互联网金融更容易诱发金融风险。

一、互联网金融内含引发金融风险的基础

互联网金融是传统金融与互联网技术深度融合、创新之后形成的新型金融业态，在实践发展中已经发展出诸如手机银行、网上银行、第三方支付、P2P 网络借贷、众筹、网络理财产品等众多新型金融模式，而且还在持续创新演变之中，可谓方兴未艾。因此，互联网金融通过多方面的创新，从概念、模式、运行等诸多方面向外界传递出一种全新的形象。而且，互联网金融可以为市场参与者提供直接的交易平台，不必再通过第三方中转就可以点对点进行借贷、理财、支付、转账等金融活动。这一全新的景象让有些学者认为，互联网金融已经成为商业银行间接融资和资本市场直接融资之外的"第三种金融融资模式"[①]，并提出"互联网金融"是一个谱系概念，涵盖了从传统金融中介和市场到瓦尔拉斯一般均衡对应的无金融中介或市场之间的所有组织形式和金融交易[②]。也有学者提出，金融功能与互联网技术具有内在的耦合性，从而为互联网金融的生存和发展提供了充分条件，使互联网金融成为一种新的金融业态。[③] 不过，也有学者不认同此类观点，认为互联网金融线上线下

---

① 参见谢平、邹传伟：《互联网金融模式研究》，载《金融研究》2012 年第 12 期。

② 参见谢平、邹传伟、刘海二：《互联网金融的基础理论》，载《金融研究》2015 年第 8 期。

③ 参见吴晓求：《互联网金融：成长的逻辑》，载《财贸经济》2015 年第 2 期。

交易都还是金融契约，从支付结构上讲没有对产品进行明显的创新，只是金融的销售和获取渠道意义上的创新，断定互联网金融并非新金融。[①] 甚至还有学者认为"互联网金融"一词概念狭窄，不能涵盖所有正在网络上进行的金融活动，使用"网络金融"概念更贴切。[②] 所以，无论是将互联网金融视为一种新金融，还是将其看作是传统金融的简单革新，抑或从内涵上冠以"新"的概念，都毫无疑义地认为互联网金融的本质属性还是金融，只不过是作为跨界交融的产物，外部形态发生了很大变化，犹如飞机、轮船、火车等形态各异，但都是运输工具。

既然互联网金融从本质上讲还是金融，那么，金融具有的市场风险、信用风险、流动性风险、操作风险等，互联网金融同样具有。这些风险形成的内在基础在于互联网金融所蕴含的金融虚拟性，它主导着金融风险从萌芽、积累以及爆发的全过程。

首先，在金融风险的萌芽阶段，金融虚拟性将风险因子嵌入金融活动之中。如前文所述，产权与信用是金融虚拟性的基础成因，也是互联网金融得以运行的前提条件。投资者掌握资金的所有权，必须在信用关系下将资金的使用权暂时让渡给融资者，凭借所有权关系凭证（比如借贷合同、信托合约、债券、股票等）才能获得融资者支付的未来利息收益以及到期偿还的本金，或者在二级市场买卖所有权关系凭证赚取利差并回收本金。但是，在等待获取利息以及回收本金的过程中，投资者必然面临着各种不确定性。从主观上来看，融资者可能从一开始就是以欺骗的面目出现，打着各种冠冕堂皇的"融资"幌子利用互联网金融平台到处敛财，致使无数投资者深受其害。或者筹资目的达到以后，在履约过程中因监管较少而消极应付，产生各种毁约的冲动。从客观上来看，市场变动、政策调整、法规修订、网络故障等不以人的意志为转移的因素也会对投资者的业务带来隐患。例如，利率突然上升会导致按

① 参见陈志武：《互联网金融到底有多新》，载《新金融》2014年第4期。

② 参见王国刚、张扬：《互联网金融之辨析》，载《财贸经济》2015年第1期。

合同利率计算的利息减少，政府宣布某项金融业务非法导致投资者无法赎回投资，网络设备的意外骤停可能让投资者失去短暂投资良机等。

其次，在金融风险的积累阶段，金融虚拟性不断积聚各种诱发风险的因素。利用互联网金融平台融资的各方，为了能成功实现融资目的，一般会承诺高额回报，部分融资者甚至冒着融资成本可能高于未来投资收益的风险募集资金。为了给付高额回报，融资方必须将资金再投资于周期短、回报高的金融产品中，而对投资周期长、回报低、见效慢的实体经济项目兴趣不大。毫无疑问，高回报必然伴随高风险，这一层次的高风险从名义上讲是融资者承担，但实际上投资者也要连带承担。因为融资者的投资业务出现危机，就会殃及投资者的资金安全。如此类推，投资者的资金会不断以更高的回报投资到下一个金融产品中，投资链条进一步延长，每一环节的投资风险都会通过信用关系的链条层层积聚到投资者一方。

最后，在金融风险的爆发阶段，金融虚拟性引爆各种潜在的风险。互联网金融平台聚集了成千上万的参与者，每一参与者既可能是投资者，也可能是融资者，或可能既是投资者也是融资者。不管居于何种位置，最终的目的不外乎希望获取高额回报。然而，随着信用关系的无限延展，投资者最初的资金可能会被转手多次，从一个融资者转到下一个融资者手中，下一个融资者必须保证未来收益大于成本才能免遭亏损。这样造成的结果是金融产品的价格越来越高，渐渐偏离实体经济的轨道。当金融虚拟性膨胀到实体经济无法承受的极限时，潜在的金融风险就会导致金融危机的爆发。此时，金融资产的价格急剧下跌，投资者的财富瞬间蒸发而化为乌有。一个参与者的倒下就像多米诺骨牌那样殃及所有与之有信用关联的客户。

二、互联网金融中介功能容易诱发金融风险

互联网金融的去中介化特征使其信息中介的功能日益凸显，其金

融中介的功能逐渐淡化。但这并不意味着互联网金融不再具有金融中介功能的本质,而只是其中介功能的重心发生了转变,并且这一新变化在金融虚拟性的背景下更容易诱发金融风险。

互联网金融的中介功能发生了重大革新,信息中介的功能越来越重要。互联网金融深受广大客户青睐的重要原因之一就是可以为广大客户提供丰富的信息资源,实现直接交易的目的。在传统金融的间接融资模式中,资金供给者或投资者先将资金委托给第三方金融机构(商业银行、证券公司、保险公司、基金公司、信托机构等)管理运营,并约定好期限、利率、权利、义务、免责条款等。然后,第三方金融机构将集聚的社会各方资金进行投资以求保值增值,主要途径是借贷给资金需求者,并按期获得投资收益以及到期收回本金等。最后,第三方金融机构再按约定给予资金供给者或投资者一定的回报(比如利息、分红等)并偿还本金,至此完成整个投资循环过程。在互联网金融的直接融资模式中,互联网金融平台为客户提供了丰富的交易信息,客户可以根据自身状况进行投资或融资。资金供需双方或多方可以在互联网金融平台实现直接交易,不必再通过第三方金融机构或市场,并且可以更加灵活地订立合同内容,包括期限、利率、担保、资金用途、风险控制等。可以说,互联网金融平台更多地体现为信息中介的角色,较少或不再为交易双方或多方提供资金融通,而是为他们的直接金融交易提供信息撮合。互联网金融的中介功能渐渐地以金融中介功能为主转变为以信息中介功能为主。这表明互联网金融在形式、业态、运作机制等方面发生了巨大的变革,成为一种以信息中介为主的新型金融中介。

互联网金融中介功能的新变革没有改变其金融中介的本质功能。在互联网金融平台的虚拟网络空间中,信息中介与金融中介两种功能有着明显的区别。信息中介的功能是互联网金融平台可以利用网络形式为供求双方提供信息的搜寻、匹配、传递等服务。金融中介的功能是互联网金融平台必须要靠金融的资源配置和金融契约功能才能确立双边或多边的产权关系以及信用关系，实现资金融通的目的。这里，金融的“资源配置”就是采用适当的机制将供给方的资金使用权让渡给需求方的过程。金融的契约功能主要是针对未来的现金流而言，就是约定在未来不确定情景下缔约各方的权利义务。金融从中起到一个中介桥梁的作用，表明各方已经建立起资金托管、清算等契约关系。可以看到，离开金融中介功能的支持，互联网金融就不是一个完整的金融形态。就算交易双方已经明确了交易信息，那也只是确立了交易意向，互联网金融的信息中介功能到此结束。下一步发挥金融中介的功能才能实现诸如支付、转账、清算等金融交易。故此，从本质上讲，金融中介职能仍然是互联网金融的本质功能。

在金融虚拟性的背景下，互联网金融中介功能的新变化更容易诱发金融风险。不可否认，互联网金融凭借网络优势为万千客户提供了一个快速的金融交易平台，但是，互联网金融中介功能的新变化也为金融风险的滋生埋下了隐患。

一方面，互联网金融平台缺乏足够有效的风险对冲机制。商业银行等传统金融机构在接受客户的投资后，首先会按照相关制度规定计提诸如存款准备金、风险拨备金等。然后才能通过发放贷款、短期拆借、购买债券等各种投资形式向资金需求者提供资金，收入的主要来源是借贷利差。一旦出现违约致使投资不能按期收回本金和利息时，传统金融机构还可以利用计提的各种风险准备金弥补客户的损失，对冲掉部分或全部风险，将客户承受的风险降低到最小。这说明传统金融机构要为客户的投资安全负责，与客户一起承担连带风险。但是，P2P网贷、第三方支付等互联网金融平台的主要业务是为客户提供丰富的金融信息，为客户的直接投融资交易积极撮合，从中收取的服务费是其主要收入来源之一。此时，互联网金融平台只要对客户达成的交易进行必要的转账、清算等就已经完成了客户之间直接投融资交易，部分平台并没有像传统金融机构那样使用客户的资金进行投资以赚取借贷利差作为主要的收入来源，也就没有潜在的动力去为客户的资金安全计提各种形式的风险准备金，客户必须直接面对投资风险。况且互联网金融平台的各方参与者一般会对金融虚拟性较高的股票、大宗商品期货、衍生金融产品等进行投资，以求短期获得高额回报。那么，缺乏风险对冲机制的互联网金融平台就难以成为坚实的“防波堤”，不能有效应对金融虚拟性诱发的高风险。

另一方面，互联网金融平台的公正性受到挑战。普惠金融的理念被互联网金融发挥得淋漓尽致，它不光为那些被传统金融机构拒之门外的客户提供了个性化的金融服务，吸引了万千追求财富梦想、渴望融资成功的中小企业和个人，也为一些急需筹集巨额资金的大企业、大公司等提供了融资机会。这些大客户利用自身的社会声望，积极为其融资项目宣传造势，许诺高额的投资回报，可能会吸引众多中小投资者扎堆跟进，轻易利用平台筹集到巨额资金。如此反复多次，就会对平台施加无形的影响力，渐渐地将平台变成“一个人的舞台”，扭曲了普惠金融的理念，造成了严重的不公正性。那些默默无闻的中小企业和个人，因为不能回馈给投资者更高的回报而受到冷落甚至排挤，不得不提高投资回报率，从而逐渐推高了融资成本，极易出现违约风险。

第三节　互联网虚拟性使互联网金融叠加互联网风险

互联网金融的运行主要在虚拟的网络空间中进行，网络的虚拟性所引发的各种风险会影响到互联网金融的正常运行。这使互联网金融的风险除了金融风险之外还叠加了互联网风险，形成了叠加风险。信息不对称、长尾效应、竞争性垄断、网络共享性等都会使互联网金融遭受网络风险。

一、信息不对称滋生了互联网风险

互联网金融是一个高效的信息中介平台，利用大数据、云计算等实现了信息的高效搜寻、匹配、传递等，具有强大的信息处理能力，的确减少了传统金融交易中的信息不对称现象。但是，在互联网虚拟性的背景之下，互联网金融没有消除信息不对称现象，并且由其引发的逆向选择和道德风险滋生了各种类型的互联网风险。

信息不对称是伴随互联网虚拟性的必然现象，成为潜藏在互联网金融中滋生网络风险的重大隐患。从辩证角度来看，任何事物都有两面性，要辩证看待互联网金融对信息不对称的影响。不可否认，互联网金融对降低、削弱信息不对称的重大作用有目共睹，这是其积极的一面。从消极的一面来看，互联网金融又催生了具有互联网特征的信息不对称现象。从互联网虚拟性的重要形成基础可以清楚发现，互联网将传统金融在现实中运行的物理基础设施“复制”到虚拟化的网络空间，互联网金融的一切业务活动基本上都可以在此虚拟化的网络世界中进行，它降低了金融机构在现实中的物理结构、人员配置、服务网点等实物资源的重要性，只要有通畅的网络环境、功能齐全的虚拟平台、合法合规的交易规程等，就可以为客户提供不需要面对面的直接交易。这其中的信息不对称弊端也显而易见：交易者之间的真实身份验证不能做到百分百有效；平台利用网络形式采集的客户信息可能掺杂虚假成分；客户面对海量信息不能快速辨别适合自己的交易信息；平台对客户信用持续的追踪、评价能力受到技术、资金等约束而无力提供完整的信用报告；对交易有重大影响的信息未能及时更新、发布等。因此，互联网金融的信息不对称现象依然存在，而且带有互联网虚拟化的特征，比如虚拟化的信息采集方式、虚拟化的信息传播方式等。它导致了逆向选择和道德风险两大问题，让互联网金融不得不承受由其造成的各种网络风险。

逆向选择问题普遍存在于各类市场交易活动中，一般来讲，它会造成类似于“劣币驱逐良币”的后果，市场渐渐演变成“柠檬市场”①。在互联网金融交易活动中，投资者更愿意将资产投资于高回报的金融产品中。不断推出更高收益的金融产品成为各互联网金融平台争取客户、占领市场的有效手段。一大批只顾招揽客户积极进行金融交易，却对风险控制疏于防范的劣质平台野蛮成长起来。那些对客户资质严格审批、风险管理一流的优质平台虽能提供投资回报略低但安全系数更高的金融产品，却因为吸引不到足够的客户致使盈利不佳，在日益激烈的市场竞争中败下阵来，逐渐退出互联网金融领域。大量的劣质平台充斥互联网金融市场，吸引了越来越多的高风险的融资者，不断向投资者推荐高风险高回报的金融产品。这些高风险的融资者中不乏欺诈分子，高风险的金融产品中也可能触及金融创新的底线并不被政府认可。但是，对于深受中国多年刚性兑付环境熏陶的投资者而言，风险意识没有跟上互联网金融的发展速度。一旦出现像“e 租宝”等诈骗平台的倒闭风潮时，殃及的不仅有投资者，整个互联网金融行业都会受到影响，例如，政府取缔一批非法平台、叫停某些金融产品、出台更严厉的监管政策等，从而爆发诸如法律风险、信誉风险等一系列的网络风险。

道德风险是融资者在使用融资资金的过程中采取不负责任的态度，违规使用资金而给投资者造成损失，它是信息不对称带来的另一严重后果，在互联网金融中的表现比传统金融更严重。传统金融机构如商业银行、保险公司、资产管理机构等是金融中介，要对客户的资金安全负责，并且连带一部分风险。它们利用自身的技术、管理优势会对融资者的信用状况严格把关。在达成投资协议之后会积极、持续地关注投资安全，定期考察融资者的投资状况，甚至参与到融资方的运营中进行实时监督，这就大大减少了道德风险。但是，这些减少道德风险的有

① 参见[美]乔治·阿克洛夫：《“柠檬”市场：质量的不确定性和市场机制》，载《经济导刊》2001 年第 6 期。

效措施在虚拟化的网络交易中执行起来困难重重。在辨别融资者的身份方面，平台基本上采用诸如身份验证、手机绑定、收入证明、视频确认等手段，更为关键的信息如融资者的财务状况、征信记录、借款用途、担保证明等，在不直接与融资者接触的情况下很难简单通过网络就能全部获得。平台不能严格确认融资者的信息，导致投资者一开始就与身份信息存在一定漏洞的融资者进行交易。事前都不能做好的监督，事后监督更是难上加难。融资者在约束不严的状态下发生道德风险的概率大大增加。道德风险的频频发生，损害了平台的声誉，触犯了法律法规，加剧了行业波动等，给互联网金融的健康发展蒙上了网络风险的阴影。

二、长尾效应扩大了互联网风险

长尾效应（The Long Tail Effect）是由美国《连线》（*Wired*）杂志主编克里斯·安德森（Chris Anderson）在 2004 年首次提出[①]，用来形容市场中那些价格低廉而数量众多的产品和服务由于其累积效应而产生的超过主流产品和服务的收益的现象，即“如果把足够多的非热门产品组合到一起，实际上就可以形成一个堪与热门市场相匹敌的大市场”[②]。长尾效应可以理解为企业可能赚个别客户很少的钱，但是要赚很多客户的钱，其根本是强调“小利润大市场”以及“客户力量”。它打破了市场中的“二八定律”，即占据市场 80％的零散、小量、个性化的客户会聚集成一个巨大的长尾市场，也可以产生与 20％的大客户相匹敌的市场能量。在互联网金融市场中，金融产品都是具有高固定成本以及极低甚至零边际成本特点的网络信息产品，只有扩大客户规模、增加市场销量才能产生网络规模性收益，得到更多的互联网虚拟价值。而且，互联

① 参见陈力丹、霍仟：《互联网传播中的长尾理论与小众传播》，载《西南民族大学学报（人文社会科学版）》2013 年第 4 期。

② ［美］克里斯·安德森：《长尾理论》，乔江涛译，中信出版社 2006 年版，第 11 页。

网金融可以基于普惠金融的理念，为金融市场中处于长尾部分的小额、零散、个性化的中小客户提供一个便捷、高效、个性化的金融服务平台，大大拓展了金融服务的生产可能性边界。这些长尾群体的快速扩张所形成的市场份额可以达到甚至超过传统金融产品的市场份额。很明显，互联网的虚拟性使互联网金融具有不断追逐长尾效应的内在冲动，成为一个典型的具有长尾效应的市场。相应地，互联网金融也产生了因长尾客户因素导致、影响人数更多的扩大化的互联网风险。

长尾效应为互联网金融的发展提供了广阔的市场空间，长期不被金融主流市场重视的中小客户重新受到市场的欢迎，针对各种长尾群体的个性化金融创新服务层出不穷。然而，随着客户群体的扩大，互联网风险的影响范围也随之扩大，而且在网络快速的传播下会波及更多人群，呈现加速扩大化的趋势。

从具体的情形来看，首先，长尾效应引发的“羊群效应”扩大了互联网风险的传播。处于金融市场尾部的中小客户一般而言不是专业化的金融投资者，普遍缺乏系统的金融学知识，投资经验也比较匮乏，很难如专业机构那样对市场信息进行专业化的判断和严密的逻辑分析，由此导致他们只能根据平台提供的有限信息甚至是错误的信息进行交易，而且极易沦为虚假信息的受害者。因此，一部分缺乏信息搜集、分析、判断能力的客户具有很强的从众心理，即根据其他交易者的行为改变自己的行为，这就是“随大流”的“羊群效应”。当某些个别或极小部分的投资者出现亏损时，容易在互联网上发布一些针对某项金融产品或平台的误导性言论，在互联网高效的信息传播下形成巨大的负面情绪，从个体的非理性迅速转化成集体的非理性。这种现象屡见不鲜，特别是在某一互联网金融平台或模式处于快速发展的上升期时，短期内就可以吸引众多中小客户跟风涌入，在出现风险的苗头时又蜂拥退出，由此导致的一系列互联网风险会随着“羊群效应”从局部迅速向全局扩散开来。

其次，长尾效应增大了互联网风险的负外部性。互联网金融是一个公众参与性极强的金融模式，但参与者基本上是资金有限的中小客户，属于社会经济地位相对较低的草根阶层，缺乏必要的风险意识，风险识别和承受能力也不高。一旦出现互联网风险，比如，个人信息泄露导致账户资金被盗，投资高额回报的金融产品被政府定性为非法，参与的平台因涉及非法集资和诈骗而倒闭等，就会牵涉一大批经济能力弱小的民众。这会对整个社会带来巨大的负外部性，即那些没有参与投资却与投资者具有一定社会经济关系的个人和组织也会受到互联网风险的波及，承担一定的后果。如果负外部性危及广大群众的正常生活而政府处置不当，有可能引起群体性事件扰乱社会经济的正常秩序。

最后，长尾效应之下难以形成有效约束互联网风险扩大化的监督机制。传统金融机构如商业银行、保险公司等因为对客户的资金安全负有一定的连带责任，有动力和压力去监督融资者对资金的使用。投资者也可以"用脚投票"避开高风险的金融产品。但是，在互联网金融领域，平台主要担负信息中介的角色，对融资者的监督力度不及传统金融机构。长尾群体客户自身能力有限且分散，个体投资者仅凭自身力量去监督平台和融资者而获得的收益，可能远低于付出的监督成本。即使个体或小部分投资者联合起来实行卓有成效的监督，也没有其他客户或机构补偿他们付出的监督成本。其他投资者可以从监督中获得免费收益而成为"免费乘车者"，造成严重的"搭便车"问题，导致个体投资者不愿再耗费资金和时间去监督平台和融资者。在这种缺乏有效监督的金融环境下，互联网风险爆发的可能性大大增加，每个投资者都有可能成为受害者。

三、竞争性垄断强化了互联网风险

在现代经济特别是以网络技术为支撑的经济中，出现了竞争和垄断都被同时强化的趋势：竞争随着市场开放程度（进入和退出壁垒）提高而越发激烈，导致技术创新加快而逐渐向垄断靠拢；垄断的高利润又不断吸引新的竞争者加入，竞争程度反而更加激烈，在竞争与垄断的双强态势作用下演化出的市场结构即是竞争性垄断市场。技术是这一市场结构不断演化的主要动力和决定因素，同时受到网络规模效应的深刻影响。互联网金融就是这样一个竞争性垄断的市场结构，在其内部，互联网的虚拟性刺激了各平台的创新热情。各平台为了获得更多的虚拟价值，必须不断进行技术创新，推出更多符合大众的金融产品，建立行业标准乃至形成垄断，由此获取高额垄断利润。其他企业可以凭借网络复制性对新型金融产品的复制和模仿，加入同类业务竞争中，不断摊平新型金融产品带来的垄断利润，从而引发新一轮的技术创新以及金融业务创新，使互联网金融处于垄断与竞争双双强化的状态之中。但是，竞争性垄断给互联网金融也带来了不正当竞争和创新动力衰退的不良后果，极大地增强了互联网风险的发生概率。

互联网金融的高额虚拟价值以及互联网空间的高度开放性，吸引众多投资者纷纷加入，仿照行业内垄断企业的标准模式就可以短期内建立起虚拟金融服务平台。殊不知，模仿其他平台不仅仅是单纯的技术复制和引进，还必须包括定期排查技术漏洞及隐患、更新升级技术版本提高安全性、学习其他平台防范风险的先进理念等。更何况掌握核心技术的垄断企业为了维持市场霸主地位，不会轻易让他人窃取关键技术，其他平台可以模仿但很难短期内学到技术的全部内容。实际上，为了节省成本和尽快投入运营，很多竞争者也并不在意从其他平台复制的技术存在怎样的漏洞，只是从表面形式上尽量模仿他人的技术和金融产品，至于硬件和软件的投入则尽量节省，后续的维护运营更是形同虚设。毫无疑问，这样的劣质平台从一开始建立就存在巨大的安全隐患，严重侵犯客户的知情权，属于以次充好的不正当竞争行为。在虚假宣传的蛊惑之下，客户在这样的劣质平台上进行金融交易时会时刻面临技术风险、信息安全风险等。因为技术的创新与研发需要大量资本投入，对于大部分弱小的平台而言难以做到，形成了某些平台依靠复制他人技术而不是自主创新的“搭便车”行为，这严重损害了互联网金融的公平竞争环境，导致市场上充斥着大量的技术标准严重不达标的平台。任何一家平台出现技术风险都会通过网络传播到其他平台，进而让整个互联网金融市场陷入网络风险之中。

维系竞争性市场结构的动力来自技术的持续创新，但在网络复制性的背景下，互联网金融的创新动力在某种程度上会出现衰退。客户通过网络搜寻很容易比较各家平台的产品收益和服务优劣，可以在短时间内从一家平台转移到另一家平台。处于垄断地位的互联网金融企业可以凭借技术优势为客户提供更安全的保障，如果没有更高的金融产品收益和个性化的服务，则很难维护自身的垄断地位，否则会面临客户大量流失的不利局面。那些模仿龙头企业建立起来的平台，依靠复制别人的技术和金融产品可以省掉一大笔前期的技术研发费用，又可以轻装上阵提高金融产品的收益和推出精细化服务抢夺垄断企业的客户。这样，处于垄断地位的大企业得不到应有的技术保护而渐渐失去技术革新的动力，为了自己的客户不被其他中小平台吸引过去，创新的重点会转向服务创新、金融产品创新等。中小型平台则因为资金有限和“搭便车”心理不愿过多投入技术创新。市场竞争的结局是越来越趋向同质化竞争，为了保持竞争力，部分平台可能会钻法律和监管空子，开发一些毫无法律依据的金融产品获取短期效益。从长远来看，缺乏创新动力和核心技术优势的平台早晚会被市场淘汰，随时面临政府取缔的法律风险和破产倒闭的行业风险等。

四、网络共享性加速了互联网风险

互联网金融平台不仅仅是为客户提供便捷金融交易的业务平台，还是一个为客户提供丰富信息资源共享的平台。平台为了扩大互联网虚拟性以达到获取更多虚拟价值的目的，有积极的动力将平台的信息共享功能发挥到最大。借助高速传播的网络技术，平台可以快速、高效地将各类金融信息传递、分享给客户，客户之间亦可以在平台上发布、交流、分享信息资源等。可以说，互联网金融平台的共享性降低了信息资源共享的成本、提高了信息资源共享的效率、扩大了信息资源共享的范围等，从而大大促进了金融交易的活跃程度，进一步使互联网虚拟性膨胀，成为平台获得更多互联网虚拟价值的便利渠道。然而，网络共享性也不可避免地实现了风险因素的“共享”。平台对共享信息源头的把关不严、客户在信息共享中的分辨能力欠缺、网络信息共享对经济安全的威胁等，使隐藏在共享信息资源中的任何微小风险因素都有可能随着共享而扩大，从而加速互联网风险的扩散。

互联网金融平台的质量参差不齐，在信息搜集、处理、更新等方面的能力也是各有优劣，对信息的把关很难做到严格规范。从客观情况来看，一个平台的信息处理能力即使再强，面对瞬息万变的金融市场以及受客观条件的限制，也绝不可能将金融市场发生的全部信息进行无遗漏搜集和处理后发送给客户。从主观上来看，对那些实力一般的中小平台而言，虽然信息技术的发展让记录、追踪、存储、传输信息的成本逐渐降低，但是用于整个信息处理的硬件、软件、管理、人员等方面的开支是一项不容忽视的信息搜集成本，而且随着平台规模的扩大，这部分成本有进一步上升的趋势。在此背景下，各平台更愿意复制、共享其他平台的信息来节省信息搜集成本。因此，由于主客观条件的限制，平台无法对共享的信息资源严格把关，不可避免地会将一些风险因素嵌入其中。尤其是在信息多次共享过程中，各家平台对信息的任意修改可能导致信息失真，在快速的传播、共享之后可能致使更多客户因错判信息反映的市场状况而损失惨重，承受严重的风险危害。

互联网金融的参与者多为中小客户，对共享信息的分辨能力有限，或者说，客户对有效信息的获取效率并没有随着共享信息的丰富而快速提高。究其原因，一方面是丰富的网络信息资源让客户眼花缭乱，在选择理想的信息资源时会受到大量无用信息甚至虚假信息的干扰，加大了客户辨识、提炼、利用有效信息的难度，稍有不慎就可能陷入虚假信息的陷阱。另一方面，客户缺乏获取有效信息的技术手段。一般而言，对于互联网的表层信息，客户可以通过传统的搜索引擎获取，有些平台也会替客户搜寻并免费向客户推送相关信息。但是，更为丰富的深层次、专业化信息一般存储在 Access、SQL Server、DB2 等数据库中，使用简单的搜索引擎工具不能读取和查询，需要借助更高端的网络技术才能获取。显然，这两方面的因素让互联网金融的参与者缺乏足够的能力去辨别真正有效的信息资源，或者根据没有多少参考价值的信息进行交易，或者受虚假信息的蒙蔽涉足高风险投资领域。彼此间的信息分享又会造成信息环境的污染和“噪音信息”的蔓延，加速了风险的集聚和爆发。

网络信息共享对信息安全的威胁是一个令人棘手的问题，对个人和国家都是严峻的挑战。对个人而言，互联网金融平台集聚了客户大量的私人信息，为了增加透明度和成功交易的可能性，必须将客户的大部分资料在平台内部进行公开共享。这种状况给那些盗取客户信息的不法分子提供了可乘之机。一旦客户的信息在共享过程中遭遇泄露或窃取，就会在市场中迅速传播，给客户造成难以挽回的损失。对国家而言，互联网金融的信息是反映经济总体运行态势的重要指标，属于国家经济信息安全的重要组成部分。然而，网络信息的共享性和开放性很容易将大量有价值的、关乎国家经济安全的信息泄露给其他国家，导致国家经济信息泄露的风险。

第四节　叠加风险形成的差异化表现及对传统金融风险的影响

互联网金融的模式基本上都具有叠加风险的特征，但是，不同模式因为经营业务的区别、技术标准的不同、防范能力的差异等，所形成的叠加风险也呈现出差异化表现，如前所述的三种主要的互联网金融模式，并不一定会集中爆发叠加风险中所有的风险类型，更多的是爆发叠加风险中的个别风险类型，对传统金融也会造成不同程度的影响。

一、传统金融的互联网化所形成的互联网金融模式的叠加风险

传统金融的互联网化所形成的互联网金融模式主要有手机银行、网上银行、信息化金融机构等，风险主要有市场风险、操作风险、信息安全风险等。传统金融出于防范风险的考虑，在业务创新上一般比较保守，不会主动向客户推出高杠杆、高风险的理财产品，而是会向客户推出诸如货币基金、政府债券、家庭保险等稳健型的理财产品。但是，这些理财产品仍然会受到市场利率波动的影响，特别是当出现系统性的金融风险时，市场利率会出现大幅波动，从而造成理财产品的收益也会发生波动而带有一定的市场风险。除了在业务创新上比较谨慎之外，传统金融还特别注重对自身建立的互联网金融模式进行经常性的技术维护与升级，不断优化技术系统，这从防范技术风险上来说十分必要。但是，客户对互联网金融模式的技术版本具有一定的依赖性，对优化或升级后的技术版本会有或短或长的学习、熟悉阶段，而且新升级的技术版本对网速的要求、客户端的技术对接标准等也可能会发生改变，导致客户在操作时稍有不慎或失误就会导致操作风险。同时，由于传统金融机构一般具有厚实的资本实力，在建设互联网金融平台时，倾向于选择进口国外高级硬件和软件设备。例如，在服务器方面一般选用 IBM 或 HP 的产品，在系统平台方面则选用 Unix 或 Windows NT 的产品，在数据库方面通常使用 Oracle、IBM DB2 等产品，在应用软件开发方面较多使用 Java、VB、VC 等。[①] 即便如此，也难免会出现技术漏洞，给那

① 参见罗明雄、唐颖、刘勇：《互联网金融》，中国财政经济出版社 2013 年版，第 246 页。

些黑客、不法分子以可乘之机，利用计算机病毒、破解程序等盗取、篡改客户的个人信息，给客户造成不容忽视的信息安全风险。

二、互联网的金融化所形成的互联网金融模式的叠加风险

互联网的金融化形成了第三方支付、互联网理财、小额贷款业务等比较典型的业务模式，风险主要有操作风险、信息安全风险、法律风险、信用风险等。在第三方支付领域，占据主导地位的是支付宝和微信支付，凭借过硬的技术和良好的口碑，吸引了数以亿计的客户。这两大第三方支付领域的巨头非常注重客户体验，经常对技术系统不断进行升级、优化、创新等，不断推出更为个性化的支付功能，力求将客户的衣、食、住、行等各方面纳入第三方支付的服务范围。因此，客户在日常生活中会经常使用支付宝和微信支付，频繁的使用和操作难免会出现资金转错账号、泄露个人信息以及不熟悉新技术版本的使用规范而导致的操作风险。同时，由于支付宝与微信支付还具有社交功能，客户在进行网络交流时可能会不慎将个人信息泄露，或者遭到黑客、不法分子等利用木马病毒、钓鱼网站、伪装客服等手段窃取个人信息，导致客户面临信息安全风险。当然，第三方支付除了支付宝和微信支付，还有其他诸如“壹钱包”、“连连支付”、银联等第三方支付平台等。然而，目前规范第三方支付的法律制度还不健全，比如在市场准入门槛、沉淀资金的管理、信用卡的套现等方面都有待法律给出明确规定，监管不当就会引起法律纠纷，产生法律风险。除了开展第三方支付业务，一些互联网企业也会对客户推出互联网理财以及小额信贷业务。因为参与者多是个人或是中小企业，希望在投资时得到高额回报，贷款时得到低利率、长周期的贷款。但是，一旦平台不能兑付高额回报或是客户不能按时还本付息时，就容易引发信用风险。

三、纯粹的互联网金融模式的叠加风险

P2P借贷和众筹是纯粹的互联网金融模式中比较典型和具有代表

意义的两类模式。其风险主要有信用风险、流动性风险、法律风险、声誉风险等。

无论是P2P借贷还是众筹,令投资者担忧的首要风险是信用风险。对于P2P借贷模式而言,正处在发展的初期阶段,许多平台缺乏专门的信贷风险管理人才,加之国内的信用体系特别是征信体系不健全,平台违规操作客户资金的行为时有发生,导致对客户的投资承诺到期无法兑付,严重时还会致使投资者最后血本无归。对于众筹模式而言,项目发起人因为计划不周,或是竭尽全力也未能兑现项目承诺,甚至将众筹资金挪作他用,抑或是到期的承诺与其预期相差甚远等,都会导致投资者的投资计划落空,投资的资金"竹篮打水一场空"而不能获得应有的回报而出现信用风险。

除了信用风险,在流动性风险方面,相比较而言,P2P借贷为了吸引客户而推出的保本付息承诺和"拆标"中的错配行为,在平台出现大面积坏账或客户提现时,更容易发生挤兑而出现流动性风险。

由此看来,在关乎资金安全方面,之所以容易出现信用风险以及流动性风险,从法律角度来看,主要是由于P2P借贷模式存在平台的法律定位不清晰、非法集资以及非法吸收公众存款的法律风险,众筹模式存在非法集资、代持股、侵犯知识产权以及变相公开发行证券的法律风险。此外,无论是P2P借贷平台还是众筹平台,都处于激烈的市场竞争之中,故此,反映平台声誉的综合实力会经常发生变动。一旦平台的声誉因某种瑕疵变得声名狼藉而爆发声誉风险,就会导致客户流失、市场竞争力下滑等。

四、叠加风险的形成对传统金融风险的影响

互联网金融作为一种新型的金融形态,凭借高效、普惠的金融服务特色获得了快速发展,给传统金融造成了不小的压力。从积极的一面来看,具有促使传统金融提升服务质量、加快业务创新、改进管理体制

等功效，在一定程度上形成了两者相互促进的发展局面；从消极的一面来看，互联网金融作为金融体系中的一部分，虽然目前还不能完全撼动传统金融的地位，但是，诚如前述，互联网金融的叠加风险具有快速扩散、交叉传染、广泛渗透、高度敏感、监管滞后等特征，可以在虚拟性的互联网空间快速传播到整个金融体系，对传统金融市场造成了严重的冲击，加剧了传统金融市场的波动，推高了传统金融市场的风险。因此，互联网金融的叠加风险对传统金融风险的负面作用不容小觑。从具体情形看，互联网金融三种主要模式的叠加风险对传统金融的风险都有不用程度的影响。

首先，对于传统金融的互联网化所形成的互联网金融模式而言，可以说它是传统金融机构业务在互联网空间延伸所形成的较为成熟的互联网金融模式，比如手机银行、网上银行等。得益于传统金融的良好风险防控体系，这类互联网金融模式下的叠加风险可以得到较好预防，对传统金融整体风险的影响可控。不过，应当注意传统金融机构为了增强竞争实力，对所经营的互联网金融平台不断进行升级创新，内含的叠加风险也随之集聚和增大，对传统金融风险的影响也在增强。

其次，对于互联网的金融化所形成的互联网金融模式而言，它基本上是一些较为著名且与互联网紧密相关的企业，比如阿里巴巴、腾讯、百度等，为自身发展所开展金融业务时形成的诸如第三方支付、网络借贷等互联网金融模式。由于自身从事实体企业经营，具有一定的业绩支撑，并且在经营实体企业时积累了较为丰富的风险防控经验。故此，该类互联网金融模式下的叠加风险就预先有了一层防护墙，对传统金融风险的影响虽然不容忽视，却也可以提前有效预防。但是，当企业出现严重的经营危机而导致业绩下滑时，其所经营的互联网金融平台也会因为缺乏业绩支撑而陷入困境，此时对传统金融风险的负面影响会明显加大。

最后，对于纯粹的互联网金融模式而言，以 P2P 网络借贷、众筹等为代表的此类互联网金融模式，很大程度上代表了互联网金融的发展潮流。由于此类模式下的互联网金融平台既缺乏传统金融机构的风险防控机制，也缺乏互联网企业的业绩支撑，自身实力比较有限。因此，市场上互联网金融不时爆发出一些恶性的欺诈、倒闭、卷款外逃、非法集资等现象，大多是由该类互联网金融模式的叠加风险所导致，对传统金融市场造成的波动也最大，严重干扰了传统金融市场的正常运行。由于这类模式的互联网金融创新能力很强，监管难度大，必须时刻提防它的叠加风险对传统金融市场的风险传导和诱发。

总之，互联网金融的叠加风险爆发之后，导致信用环境恶化、债务链条断裂、挤兑危机凸显等严重滋扰金融市场的恶果，传统金融市场在这样的环境下必然受到干扰，出现难以预料的波动，导致各种风险频发。因此，互联网金融叠加风险的形成为传统金融市场的风险增大埋下了隐患。

第五章　互联网金融与传统金融之间风险溢出的实证分析

互联网金融风险的双重性特点，决定了互联网金融造成的市场波动不仅对本行业产生影响，还会对传统金融市场造成冲击。从风险溢出的角度看，运用实证方法弄清楚互联网金融与传统金融之间的风险到底是相互独立还是相互影响，抑或是存在其他关系，有助于深刻认识互联网金融风险的大小以及对传统金融市场造成何种程度的负面影响，掌握两者之间风险传递关系，也可以为下一步制定相关监管政策提供有益借鉴。

第一节　模型设定

基于交叉相关函数(Cross Correlation Function，CCF)的信息溢出检验体系不仅能够检验均值、波动率等传统常见的风险溢出，而且对不同市场之间的极端下跌风险溢出效应也能进行有效考察。因此，可使用基于 CCF 的信息溢出检验方法，对互联网金融与传统金融之间在均值、波动率、1%和 5%下跌的风险溢出进行实证分析。

一、风险溢出的相关分析

随着互联网技术的应用与推广，现代通信科技可谓日新月异，可以将市场之间的大部分信息互相传递，而且传递速度越来越快，从而使各市场之间构建起一个巨大的互动紧密的市场网络。实际上，风险溢出是各个不同的市场风险在彼此间的传导和扩散。从风险是否可以预期的角度看，均值溢出和波动率溢出是研究中比较常见的两种信息溢出效应，除此之外，市场在运行过程中受不可控或突发因素的影响，也会出现极端下跌的情形，应该将这方面的信息纳入风险溢出的研究内容中。然而，综观现有研究来看，已有学者对互联网金融与传统金融之间的相关风险溢出进行了研究[①]，取得了一定进展，但也存在一些不足。例如，现有许多研究受制于模型设定的局限性，对均值和波动率层面的风险溢出进行了较多考察，但是，当市场出现极端下跌情形时，极端风险的溢出问题却很少得到充分重视。

现有研究的缺憾以及对深入分析不同市场之间风险溢出的迫切需求，推动了理论上的创新。张贤旺(Yin-Wong Cheung)和吴丽莲(Lilian K. Ng)[②]、洪永淼(Yongmiao Hong)[③]和洪永淼等[④]在弥补传统方法研究不足的基础上，创新发展出了基于 CCF 的信息溢出检验体系。从本质上讲，这套新发展的信息溢出检验方法是基于 CCF 的格兰杰(Granger)

① 参见吴诗伟、朱业、李拓：《利率市场化、互联网金融与商业银行风险——基于面板数据动态 GMM 方法的实证检验》，载《金融经济学研究》2015 年第 6 期；陈珂、张竞文：《互联网货币市场基金与金融市场风险溢出效应研究——基于 GARCH-CoVaR 模型》，载《金融经济学研究》2017 年第 9 期；何启志、彭明生：《基于互联网金融的网贷利率特征研究》，载《金融研究》2016 年第 10 期。

② Yin-Wong Cheung and Lilian K. Ng, "A Causality-in-variance Test and Its Application to Financial Market Prices," *Journal of Econometrics*, Vol. 72, No. 1/2, 1996, pp.33-48.

③ Yongmiao Hong, "A Test for Volatility Spillover with Application to Exchange Rates," *Journal of Econometrics*, Vol. 103, No. 1/2, July 2001, pp.183-224.

④ Yongmiao Hong, et al., "Granger Causality in Risk and Detection of Extreme Risk Spillover Between Financial Markets," *Journal of Econometrics*, Vol. 150, No. 2, June 2009, pp.271-287.

因果检验，而且检验效果更佳。特别是在险价值（Value at Risk，VaR）-Granger因果检验方法被洪永淼等引入之后，不仅对均值、波动率等传统常见的风险溢出进行检验，而且可有效对不同市场之间的极端下跌风险溢出效应进行考察，可为现实中极端风险溢出的监控及防范提供参考。故此，本书将基于CCF的信息溢出检验方法，实证分析互联网金融与传统金融之间在四个层面，即均值、波动率、1%和5%下跌的风险溢出。

二、模型的建立与说明

基于对来自均值、波动率、极端风险等层面的信息冲击进行Granger因果检验的思路，本书给出基于CCF的信息溢出检验的两个阶段的实施过程。

第一个阶段是信息提取。先要将收益率序列自身的相关特征，比如自相关、条件异方差等去除掉，得到代表信息冲击的白噪声残差序列和风险指数函数序列。然后，对均值和波动率的信息溢出检验，可通过适当的条件均值和条件波动率建模[如自回归-广义自回归条件异方差模型（Autoregressive-Generalized AutoRegressive Conditional Heteroskedasticity Model，AR-GARCH）]得到白噪声残差序列 u_{it} 和 v_{it}。不过在对极端风险信息溢出检验时，要先构造基于在险价值（Value at Risk，VaR）的风险指标函数序列 Z_{lt}。因此，对于信息溢出的检验和对残差序列或风险指标函数之间的交叉相关函数检验就是等价的。

第二阶段是信息溢出检验。原假设是两者间不存在Granger因果关系，即不存在信息溢出现象，然后利用交叉相关函数构造检验统计量，再通过统计量的值去判断原假设成立与否，以下是具体实施过程。

首先，给出市场间均值和波动率的信息溢出检验。

一般采用AR(m)-GARCH(p, q)对收益率 r_{it} 建模，其中 m, p, q 表示滞后阶数，形式如下：

$$r_{it}=a_0+\sum_{j=1}^{m}a_{it-j}r_{it-j}+\varepsilon_{it} \tag{5.1}$$

$$\varepsilon_{it}=\sigma_{it}u_{it} \tag{5.2}$$

$$\sigma_{it}^2=\omega_i+\sum_{j=1}^{q}\alpha_{ij}u_{it-j}^2+\sum_{j=1}^{p}\beta_{ij}\sigma_{it-j}^2 \tag{5.3}$$

其中 ε_{it} 为第 i 个市场在 t 时刻的随机误差项，u_{it} 可服从标准正态分布、标准化 t 分布或广义误差分布（Generalized Error Distribution，GED），从而得到两列标准化的残差（Standardized Residuals）序列的估计值 $\hat{u}_{it}$ 和 $\hat{v}_{it}$，即

$$\hat{u}_{it}=\hat{\varepsilon}_{it}/\hat{\sigma}_{it},\quad i=1,2 \tag{5.4}$$

$$\hat{v}_{it}=\hat{u}_{it}^2-1,\quad i=1,2 \tag{5.5}$$

均值信息溢出检验统计量由 u_{1t} 和 u_{2t} 的估计值求交叉样本函数来构造，波动率的信息溢出检验统计量则由 v_{1t} 和 v_{2t} 的估计值求交叉相关函数来构造。

下面以波动率的信息溢出检验统计量为例，构造如下单向信息溢出检验统计量 Q_1 和双向信息溢出（即瞬时信息溢出）检验统计量 Q_2：

$$Q_1(M)=\left\{T\sum_{j=1}^{T-1}k^2(j/M)\hat{\rho}_{v_1v_2}^2(j)-C_{1T}(k)\right\}/\left\{2D_{1T}(k)\right\}^{1/2} \tag{5.6}$$

$$Q_2(M)=\left\{T\sum_{j=1-T}^{T-1}k^2(j/M)\hat{\rho}_{v_1v_2}^2(j)-C_{2T}(k)\right\}/\left\{2D_{2T}(k)\right\}^{1/2} \tag{5.7}$$

其中 M 为平滑参数，T 为时间序列长度，$k(\cdot)$ 为核函数，函数 $C(\cdot)$ 和 $D(\cdot)$ 可视为标准化因子。在一些常规条件下，如果原假设为两个序列独立，即不存在信息溢出效应，则 Q_1 和 Q_2 收敛于标准正态分布。

其次，给出极端风险的信息溢出检验统计量，即风险-Granger 因果检验统计量。

构造该统计量的关键在于选择适当的风险指标函数序列 Z_{lt}，即 VaR_{it}。给定风险指标函数

$$Z_{it}\equiv l(r_{it}<-VaR_{it}),\quad i=1,2 \tag{5.8}$$

其中 $l(\cdot)$ 为示性函数。原假设即可表述为

$$E(Z_{it}\mid I_{it-1})=E(Z_{it}\mid I_{t-1}) \tag{5.9}$$

这样，r_{1t}和r_{2t}之间的风险-Granger 因果关系可转化为Z_{1t}和Z_{2t}之间的均值-Granger 因果关系。

现在设

$$V_{it}(\theta_i)=V_i(I_{it-1},\theta_i,\alpha),\quad i=1 \tag{5.10}$$

表示市场 1 在水平 α 下的 VaR 值，其中 θ_i 是未知模型参数。目前，有许多方法可以计算 VaR，罗伯特・恩格尔(Robert F. Engle)和西蒙・曼加内利(Simone Manganelli)从分位数的角度出发，在 GARCH 模型的基础上提出了条件自回归 VaR 模型(Conditional Autoregressive Value at Risk，CAViaR)，避开了收益率分布的假设，故此可称为计算 VaR 的直接方法。[①] 本书采用这一方法。

在构造风险-Granger 因果关系检验统计量时，也要分为单向信息溢出检验统计量和双向信息溢出检验统计量，本书在不发生混淆的前提下仍采用上述符号表示。

$$Q_1(M)=\left\{T\sum_{j=1}^{T-1}k^2(j/M)\hat{\rho}^2_{Z_1Z_2}(j)-C_{1T}(k)\right\}/\left\{2D_{1T}(k)\right\}^{1/2} \tag{5.11}$$

$$Q_2(M)=\left\{T\sum_{j=1-T}^{T-1}k^2(j/M)\hat{\rho}^2_{Z_1Z_2}(j)-C_{2T}(k)\right\}/\left\{2D_{2T}(k)\right\}^{1/2} \tag{5.12}$$

在原假设成立时，即表明不存在信息溢出效应，$Q_1(M)$和$Q_2(M)$同样服从渐进标准正态分布。

第二节　数据选择与处理

中证互联网金融指数和中证 800 金融指数分别真实有效反映了互联网金融市场的整体发展状态、二级市场上金融企业的整体表现。故此，可选择这两个指数分别代表互联网金融市场和传统金融市场的发

① Robert F. Engle and Simone Manganelli, "CAViaR: Conditional Autoregressive Value at Risk by Regression Quantiles," *Journal of Business & Economic Statistics*, Vol. 22, No. 4, 2004, pp.367-381.

展态势，通过分析两个指数来研究两个市场的波动及其风险溢出的情况。

一、数据选择

本书选择中证互联网金融指数和中证 800 金融指数分别作为互联网金融市场和传统金融市场的代表性指数，并将其作为研究对象，以此分析两个市场的波动及其风险溢出的情况。

2015 年 2 月 10 日，中证指数有限公司发布了中证互联网金融指数(CSI Internet Finance Index，简称“互联金融指数”，指数代码：399805)。该指数是以中证全指股票样本空间中与互联网金融相关的公司(包括但不限于 P2P 网络借贷、第三方支付、互联网基金、众筹、金融信息服务、银行、券商)为基础编制指数，反映了互联网金融市场的整体发展状态。

中证 800 金融指数(CSI 800 Financial Index，简称“800 金融指数”，指数代码：H30086)的样本空间由中证 800 指数样本组成，剔除掉金融地产行业中的房地产公司，并将保险行业、综合金融和银行的股票保留下来作为样本股。该指数主要反映了金融行业中的企业在二级市场上的整体表现。

本书的数据来源于同花顺，由于互联金融指数和 800 金融指数的起始日期分别是 2012 年 7 月 2 日、2013 年 5 月 9 日，因此，本书样本起点以 2013 年 5 月 9 日起，截至 2018 年 2 月 14 日，剔除日期不匹配的样本数据，总共选取两个指数日收盘价 1165 个样本数据。

二、描述性统计分析

图 5.1 为互联金融指数和 800 金融指数的走势。

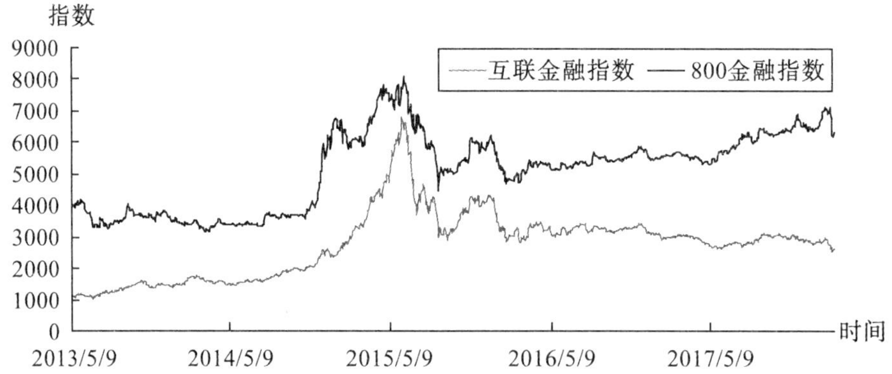

图 5.1　互联金融指数和 800 金融指数的走势

从图 5.1 可以看出，互联金融指数与 800 金融指数的变动趋势基本类似，两者在 2013 年 5 月 9 日至 2014 年 10 月末的时间段内基本处于平缓状态，分别在较小的指数区间内波动。但是，可以明显看到，自从进入 2014 年 11 月后，两者在短短半年多的时间内迅速飙升，并在 2015 年 6 月达到各自的最高点。互联金融指数从 2014 年 11 月 3 日的 2044.21 点快速飙涨至 2015 年 6 月 3 日的 6823.12 点，800 金融指数从 2014 年 11 月 3 日的 3844.90 点快速飙涨至 2015 年 6 月 8 日的 8123.42 点，涨幅分别高达 233.78%、111.28%。但是，自从 2015 年 6 月中旬的“股灾”之后，在短短的 3 个月左右，互联金融指数下跌至 2015 年 9 月 15 日的 2891.24 点，800 金融指数下跌至 2015 年 8 月 25 日的 4437.32 点，暴跌幅度分别高达 57.63%、45.38%。大起大落反映了两个市场剧烈波动，释放的巨大风险不言而喻，而从图 5.1 中可以直观看出，互联金融指数的下跌速度更快、幅度更大。2016 年以后，两个市场进入相对平稳时期。这充分表明，收盘价的变化较好地刻画了两个市场的整体波动，互联网金融市场比传统金融市场的波动更为激烈，为此就很有必要去比较两者风险的大小，探寻二者风险的溢出关系。

在一般的金融分析中，通常使用对数收益率来消除收盘价序列的不平稳性。两者的对数收益率计算公式定义如下：

$$R_t=(\ln P_t-\ln P_{t-1})\times 100 \tag{5.13}$$

其中 R_t 为股票指数在第 t 日的对数收益率，P_t 为第 t 日的股票指数。数据处理后，如图 5.2、图 5.3 所示。

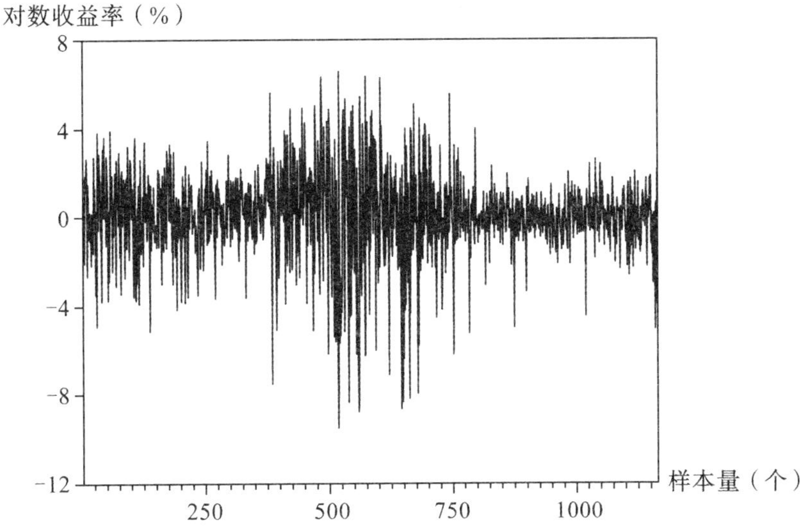

图 5.2　互联金融指数的对数收益率时间序列

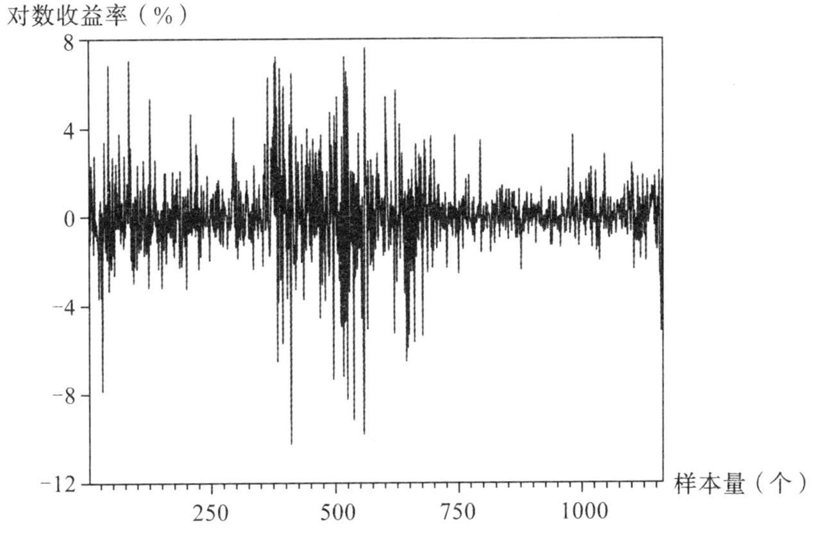

图 5.3　800 金融指数的对数收益率时间序列

关于收益率的数据特征，表 5.1 显示了互联金融指数和 800 金融指数的样本均值、标准差、偏度、峰度等四个描述统计量。

表 5.1　互联金融指数和 800 金融指数的对数收益率的基本统计特征

	样本容量	均值	标准差	偏度	峰度
互联金融指数	1165	0.0734	2.0708	－0.7167	5.7596
800 金融指数	1165	0.0399	1.7681	－0.2871	8.9083

从表 5.1 中可知，互联金融指数比 800 金融指数有着更高的平均日收益率，这表明互联网金融作为新兴金融模式，聚集了大量符合社会需求、可以带来高额回报的高成长性中小企业。然而，从标准差来看，互联金融指数的标准差大于 800 金融指数的标准差，也说明了互联网金融市场在带来高收益的同时也蕴含着高风险，从侧面印证了传统金融市场具有更为稳健的收益率。同时，二者的偏度都小于 0，表明现实中互联网金融市场与传统金融市场存在一定程度的左偏。而且，从两者的峰度值都大于 3 来看，尖峰厚尾的特征存在于两个市场，基本吻合了传统研究中得出的金融时间序列大多具有非正态性的结论。图 5.4～图 5.7 直观地展示了两个市场的对数收益率的非正态性。从图 5.4 和图 5.5的 Q-Q 图（Quantile-Quantile Plot，分位数-分位数图）可看出，两个市场的对数收益率的时间序列尾部特别是左侧明显地偏离直线，序列存在更长的左拖尾。图 5.6 和图 5.7 的频数分布直方图并不对称。这些充分表明两个市场的对数收益率并非严格服从正态分布。

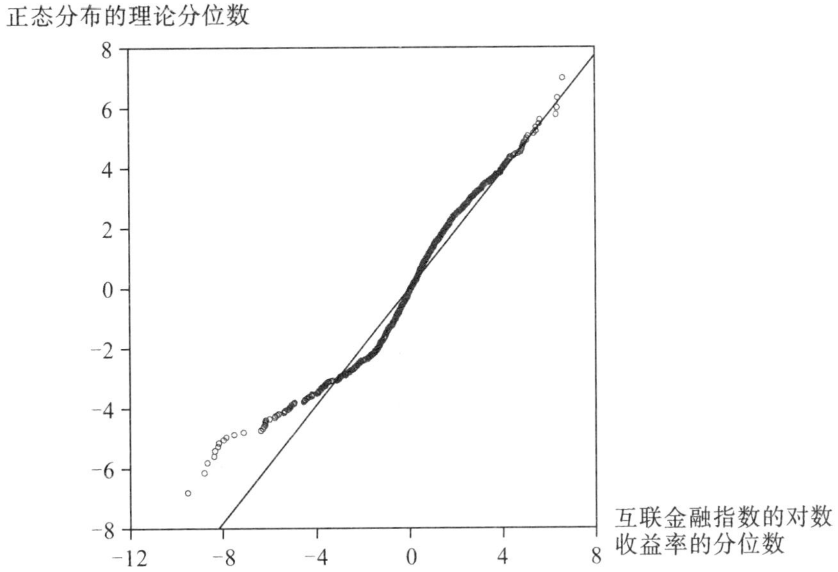

图 5.4　互联金融指数的对数收益率的 Q-Q 图

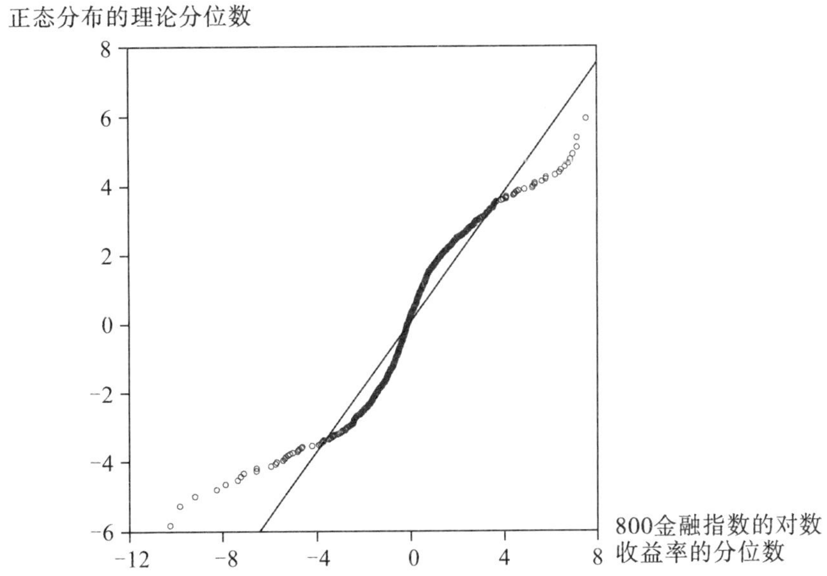

图 5.5　800 金融指数的对数收益率的 Q-Q 图

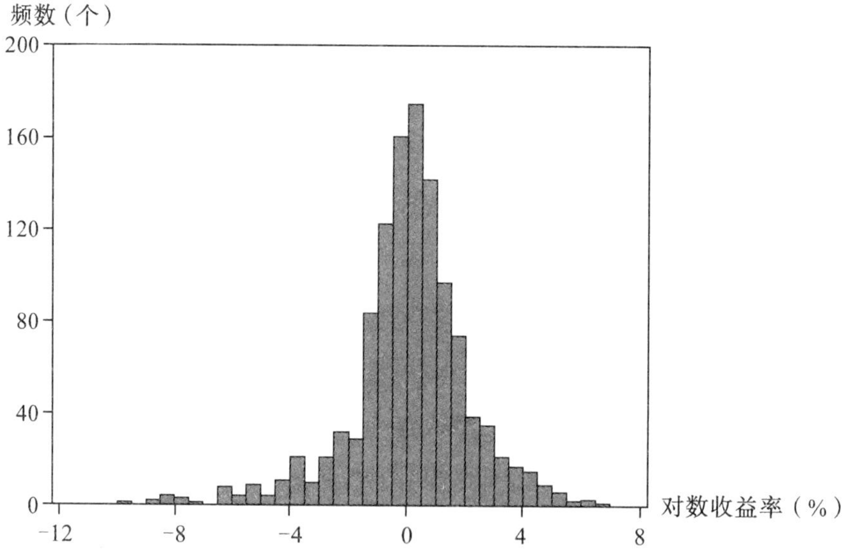

图 5.6　互联金融指数的对数收益率的频数分布直方图

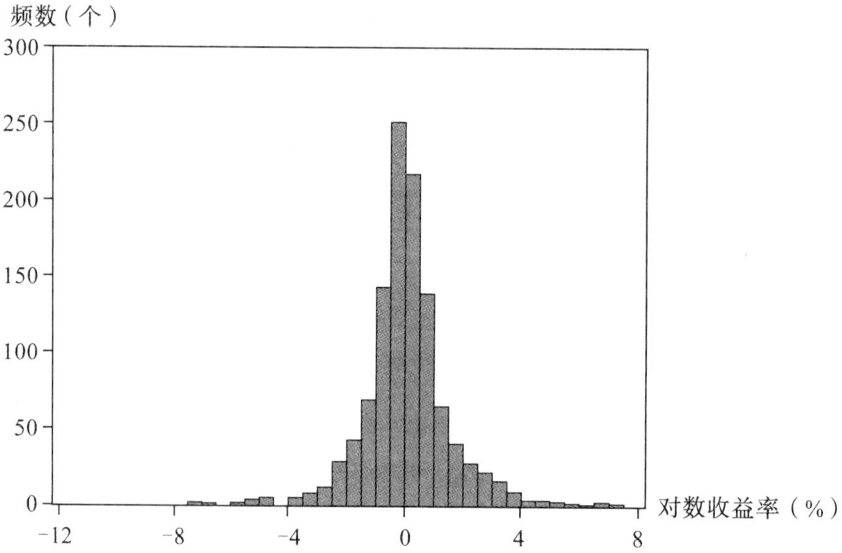

图 5.7　800 金融指数的对数收益率的频数分布直方图

第三节　实证分析

为深入考察互联网金融与传统金融之间的风险溢出效应，要对两个市场之间在均值、波动率、1%和5%的极端下跌信息溢出进行实证分析。同时，应当通过对比性分析进一步实证检验互联网金融爆发式发展前后传统金融风险是否产生显著变化，从而更加明确互联网金融对传统金融风险带来的影响。

一、平稳性检验

表5.2给出了利用增广迪基-福勒检验（Augmented Dickey-Fuller test，ADF）方法进行的平稳性检验结果，显示互联金融指数与800金融指数的对数收益率各自1%、5%、10%下的临界值都分别大于ADF检验统计量中的 t 值，存在单位根的原假设由此被拒绝，接受不存在单位根的备择假设，即互联金融指数与800金融指数的对数收益率皆是平稳的，可以直接用于下文的相关建模。

表5.2　ADF平稳性检验

		原假设：互联金融指数的对数收益率存在单位根		原假设：800金融指数的对数收益率存在单位根	
		t 统计量	P 值	t 统计量	P 值
ADF检验		−30.5907	0.0000	−33.0786	0.0000
检验临界值	1%	−3.4358		−3.4358	
	5%	−2.8638		−2.8638	
	10%	−2.5680		−2.5680	

二、收益率模型的构建

按照由一般到特殊的原则，为刻画波动集聚现象和 r_t 可能存在的序列自相关性，经选择，本书采用 AR(m)-IGARCH(1,1)模型对互联金融指数和 800 金融指数进行收益率建模。表 5.3 显示了模型充分性的诊断统计量，基于标准化残差和平方标准化残差自相关性的杨-博克斯(Ljung-Box)检验统计量的 P 值均大于 0.05，表明选择的模型符合本书研究。

表 5.3　互联金融指数和 800 金融指数的对数收益率模型参数估计及检验量

	互联金融指数			800 金融指数		
	估计量	标准差	P 值	估计量	标准差	P 值
a_0	0.0870	0.0421	0.0386	0.0057	0.0287	0.8415
a_1	0.0377	0.0298	0.2065			
ω	0.0127	0.0089	0.1550	0.0234	0.0108	0.0310
α	0.0550	0.0128	0.0000	0.0898	0.0221	0.0000
β	0.9437	0.0114	0.0000	0.9169	0.0149	0.0000
ν	6.3166	1.1589	0.0000	3.4091	0.4396	0.0000
对数似然函数值	−2265.4201			−1980.3424		
LB(5)	3.9110		0.5624	6.3500		0.2736
LB(10)	11.1110		0.3490	14.6130		0.1468
LB(15)	14.7270		0.4713	18.7350		0.2260
LB(20)	15.4320		0.7512	22.2020		0.3297
$LB^2(5)$	7.2470		0.2029	5.3330		0.3767
$LB^2(10)$	7.6880		0.6592	7.7930		0.6490
$LB^2(15)$	9.1580		0.8691	10.7960		0.7669
$LB^2(20)$	11.2210		0.9403	20.7570		0.4115

注：LB(m)、$LB^2(m)$分别是模型标准化残差及其平方的滞后 m 阶 Ljung-Box 检验统计量。

三、检验结果及解释

考虑到互联网金融与传统金融的交易时间都相同，为此，根据上一步的实证结果，在检验 Granger 因果关系时，还要考虑瞬时 Granger 因果关系，即 $Q_2(M)$ 检验统计量。从检验结果的稳健性考虑，M 可以取多个值。

表 5.4 检验结果显示，互联网金融和传统金融的瞬时 Granger 因果关系检验在均值信息溢出层面达到极显著水平，在波动率的信息溢出层面达到显著水平（注意：参数 M 不论取何值，只要有一个 Q 是显著的，即可认为信息溢出已经发生，此处 $M=5$、10 时达到显著），表明两者之间存在强烈的均值溢出效应以及波动率溢出效应。

表 5.4　互联网金融和传统金融的信息溢出检验结果

	$M=5$	$M=10$	$M=20$	$M=30$
均值信息溢出				
互联网金融↔传统金融	109.7129 (0.0000)**	77.7416 (0.0000)**	56.1762 (0.0000)**	46.5197 (0.0000)**
互联网金融→传统金融	−0.2329 (0.5921)	0.3256 (0.3724)	1.7514 (0.0399)*	1.8910 (0.0293)*
互联网金融←传统金融	−0.7017 (0.7586)	−0.7865 (0.7842)	−0.4403 (0.6701)	−0.0075 (0.5030)
波动率信息溢出				
互联网金融↔传统金融	3.2488 (0.0006)**	2.1196 (0.0170)*	1.0900 (0.1379)	0.7281 (0.2333)
互联网金融→传统金融	0.3138 (0.3768)	0.4577 (0.3236)	−0.1245 (0.5496)	−0.5033 (0.6926)
互联网金融←传统金融	−0.7628 (0.7772)	−1.0220 (0.8466)	−0.8639 (0.8062)	−0.5318 (0.7026)

续表

	$M=5$	$M=10$	$M=20$	$M=30$
1%下跌风险溢出				
互联网金融↔传统金融	12.1202 (0.0000)**	9.2928 (0.0000)**	5.6680 (0.0000)**	4.5964 (0.0000)**
互联网金融→传统金融	0.0659 (0.4737)	0.5658 (0.2858)	−0.3902 (0.6518)	−0.6693 (0.7483)
互联网金融←传统金融	0.0904 (0.4640)	0.6310 (0.2640)	−0.1429 (0.5568)	0.1810 (0.4282)
5%下跌信息溢出				
互联网金融↔传统金融	65.3533 (0.0000)**	46.2039 (0.0000)**	32.9909 (0.0000)**	27.0498 (0.0000)**
互联网金融→传统金融	−0.4838 (0.6857)	−0.1489 (0.5592)	0.7097 (0.2390)	0.8895 (0.1869)
互联网金融←传统金融	−0.3479 (0.6360)	−0.4632 (0.6784)	−0.7426 (0.7711)	−0.8234 (0.7948)

注:(1)括号内数字为统计量的 P 值。(2)* *、* 分别表示在 1%、5%水平下显著。

表 5.4 还进一步给出了单向 Granger 因果关系的检验统计量以确定溢出效应的方向。从均值信息溢出的检验结果中可知,互联网金融到传统金融的单向 Granger 因果关系检验达到显著水平,反之则不显著。这表明只存在从互联网金融到传统金融的单向均值信息溢出效应,反之则不成立,显示互联网金融对于可预期到的信息比传统金融可以作出更快的反应。从统计学的意义来看,两个市场可以通过彼此的均值波动预测自身运行。从经济学上讲,两个行业对于确定性信息的响应存在先后问题,互联网金融对确定性信息更为敏感,这些确定性信息既有国内外发生的重大影响事件,也有来自政府、机构等发布的经济数据。

再分析表 5.4 中的波动率信息溢出可以发现，两个市场之间不存在显著的单向 Granger 因果关系检验，从而说明互联网金融市场上的波动率信息无法为传统金融市场波动的预测提供可信参考，反之亦是。这一现象同时表明，无论是发展历史较长的传统金融行业，还是处于发展初期的互联网金融，对于未预期到的信息都有足够的敏感性。当市场受到未预期的信息影响时，一个市场不必通过另一个市场的波动率状况就能迅速作出反应，不存在行业间的差异。

对于极端下跌信息溢出来说，表 5.4 中的实证结果显示，在 1%和 5%的水平下，两个市场在瞬时 Granger 因果关系检验方面都是极显著的，表明互联网金融市场与传统金融市场具有很强的同步性。同时，从单向 Granger 因果关系的检验结果来看，一方面，在 1%和 5%的极端下跌水平下，无论是从互联网金融到传统金融，还是从传统金融到互联网金融，两个市场之间的 Granger 因果关系检验皆不显著，表明两个市场之间的极端下跌风险溢出在该水平下只存在瞬时同步性，即两个市场对 1%和 5%极端下跌风险信息溢出具有高度同步性。

根据以上分析，互联网金融与传统金融之间的全部风险信息溢出效应总结如下：

第一，在所有的双向信息溢出层面，包括均值和波动率的信息溢出、1%和 5%的极端下跌信息溢出，互联网金融和传统金融的瞬时 Granger 因果关系检验都达到显著水平，显示两个市场不存在信息长久分割或延滞的情况，形成了较高的市场一体化。

第二，在单向信息溢出层面，只存在从互联网金融到传统金融的均值信息溢出效应，没有发现任何一种从传统金融到互联网金融的单向信息溢出效应。从这一点可以看出，互联网金融对现有各种影响金融发展的信息具有很强的挖掘、吸收能力，能够从中分析出更加细微的利弊，从而比传统金融早先一步作出调整，并将波动信息传递到传统金融市场。

第三，在极端信息溢出效应方面，互联网金融与传统金融在1%和5%的极端下跌水平下具有同步的极端风险波动特征，表示两个市场的参与者对于带来极大损失的1%和5%下跌风险极为敏感，能够及时规避。

四、对比性分析

目前，互联网金融爆发式发展之后对传统金融的风险溢出已经得到证实。但是，互联网金融爆发式发展前后，传统金融的风险是否发生显著变化，这也需要进行实证检验，从而更加明确互联网金融这一新型的金融形态出现之后对传统金融风险的影响。

从互联网金融的现实发展状况来看，如P2P网贷(见图5.8)、众筹(见图5.9)等典型的互联网金融模式从2013年开始呈现爆发式发展态势；从互联网金融的现有研究文献来看，2012年12月，谢平和邹传伟首先提出"互联网金融"概念，马文刚、博强、翁晟等学者纷纷将2013年视为"互联网金融元年"，并进行了深入分析。①

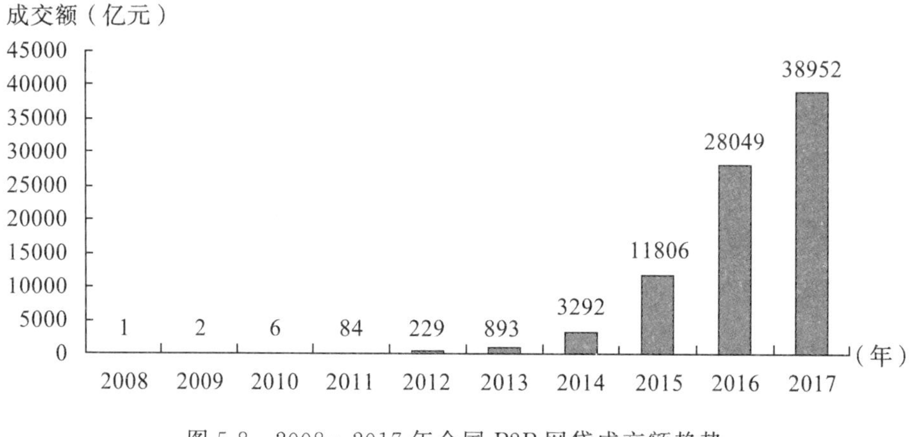

图5.8　2008～2017年全国P2P网贷成交额趋势

数据来源：作者根据第一网贷《2017年全国P2P网贷行业大数据报告》整理。

① 参见谢平、邹传伟：《互联网金融模式研究》，载《金融研究》2012年第12期；马文刚：《2013开启互联网金融"元年"》，载《上海信息化》2013年第2期；博强：《迎接互联网金融元年》，载《大众理财顾问》2013年第2期；翁晟：《互联网金融元年》，载《大众理财顾问》2014年第1期。

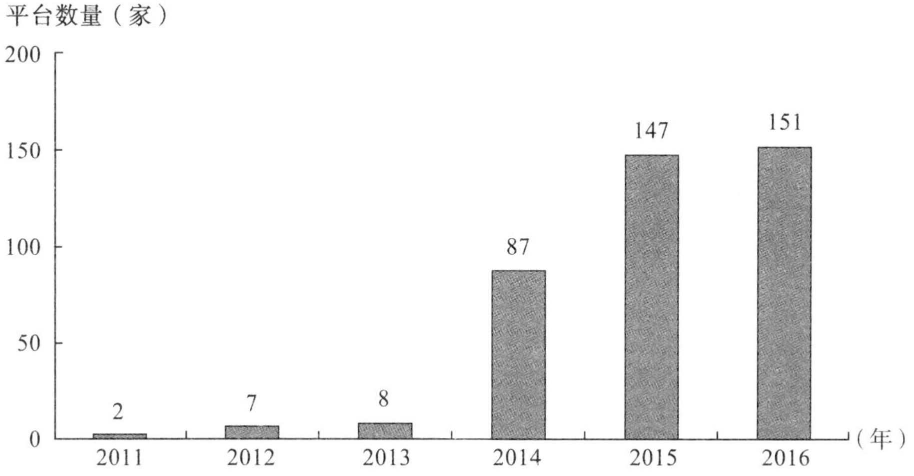

图 5.9　2011～2016 年全国正常运营的众筹平台数量走势

数据来源：人创咨询《中国众筹行业发展报告(2017)》(上)。

为此，本书基于互联网金融的现实发展状况和现有研究文献认为，互联网金融在 2013 年左右开始爆发式发展，并且对传统金融在 2013 年前后的在险价值是否发生显著变化进行实证研究，从而对传统金融在 2013 年前后的风险状况进行对比性分析。

1.关于 VaR 的说明

1994 年，J. P.摩根公司提出了用于估计风险的“在险价值”(Value at Risk，VaR)这一概念，后来成为度量金融市场风险的重要指标，在防控金融风险方面发挥着举足轻重的作用。VaR 表示一定置信水平下，某一金融资产或组合在未来某段时间的最大可能损失，其数学表达式为：

$$P(\Delta X > VaR_{\alpha}) = \alpha \tag{5.14}$$

设损失的分布函数为 $F(r)$，那么

$$VaR_{\alpha} = F^{-1}(\alpha) \tag{5.15}$$

其中，ΔX 是金融资产在持有期 Δt 内的损失，VaR_{α} 为置信水平 α 下可能面临风险时的资产价值。选择 Δt 和 α 时，要将市场参与者的风险承受能力考虑在内，通常情况下置信水平被限定为95%和99%，持有期为1天。

2.基于GARCH模型的VaR计算

本书选择中证800金融指数(指数代码:000974)作为反映传统金融市场长期运行的代表性指数，选取2005年1月至2018年2月的收盘价月度数据为样本数据。根据GARCH模型的分析结果，分别得到中证800金融指数的对数收益率的均值方程(5.16)和方差方程(5.17)，即

$$R_t = 0.0070 + \hat{\varepsilon}_t \tag{5.16}$$

$$\delta_t^2 = 0.0010 + 0.2865\hat{\varepsilon}_{t-1}^2 + 0.6487\delta_{t-1}^2 \tag{5.17}$$

其中，5.17式中$\hat{\varepsilon}_{t-1}^2$和$\delta_{t-1}^2$的系数在1%的显著性水平上都显著。

为保证VaR为正值，本书计算损失率失序$(-r_t)$的在险价值，计算公式为：

$$VaR_t = -pr_{t-1} - Z_\alpha \delta_t \tag{5.18}$$

经计算，1%和%5置信水平下部分区间内的VaR分别如图5.10、5.11所示。

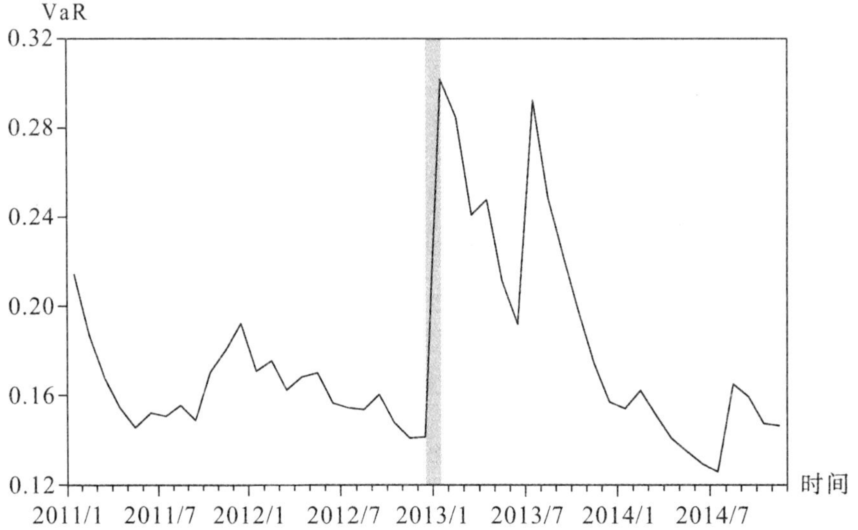

图5.10　1%置信水平下VaR

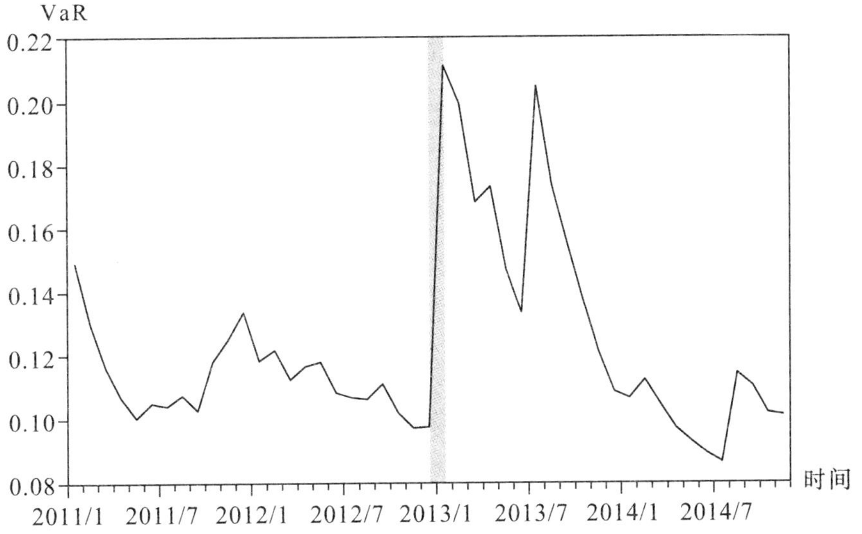

图 5.11　5%置信水平下 VaR

从图 5.10 和 5.11 中可以明显看出，在 2013 年前后，1%和 5%置信水平下 VaR 的值都发生显著变化，即 2013 年初的 VaR 比 2012 年末的 VaR 迅速增大，表明在互联网金融爆发式发展后传统金融市场的风险增大了。

3.含有虚拟变量的回归分析

下面通过检验互联网金融爆发式发展前后传统金融的 VaR 是否存在结构变化来分析互联网金融对传统金融风险的影响。建立模型如下：

$$VaR_t = \alpha_0 + \alpha_1 VaR_{t-1} + \alpha_2 D_t + \beta X_t + \varepsilon_t \tag{5.19}$$

其中，D_t 为虚拟变量，互联网金融爆发式发展前后分别为 0 和 1；X_t 为控制变量。

模型选取的控制变量有银行间同业拆借利率 r_t 月度数据、广义货币 M_2 月度数据，两者都来自中经网统计数据库。考虑到 VaR 在 1%和 5%的置信水平下具有不同的值，为此，本书针对 1%和 5%的置信水平下 VaR 分别进行实证分析，结果分别对应模型 1 和模型 2，如表 5.5 所示。

表 5.5　模型回归结果

	模型 1	模型 2
VaR_{t-1}	0.5355** (4.7464)	0.5369** (4.5375)
D_t	0.0339** (2.6967)	0.0239* (2.6261)
r_t	0.0024 (0.4749)	0.0017 (0.4713)
M_2	0.0074* (2.3522)	0.0052* (2.3243)
常数项	−0.0585 (−1.0141)	−0.0425 (−1.0223)
$\bar{R}^2$	0.5710	0.5634

注:(1)括号中数据为 t 值。(2) * * 、* 分别表示在 1%、5%水平下显著。

从表 5.5 中的回归结果可以看出,无论模型 1 还是模型 2,D_t 之前的系数均显著大于零,表示传统金融的 VaR 在互联网金融爆发式发展前后发生显著的结构性改变。而且,模型 1 和模型 2 分别显示,互联网金融爆发式发展之后,传统金融的 VaR 值每单位增加了 0.0039 和 0.0029,即分别在 1%和 5%置信水平下的最大可能损失增大了,表明互联网金融的爆发式发展使传统金融的风险上升了。

五、实证结论与启示

本书以互联金融指数和 800 金融指数作为研究对象,基于 CCF 的信息溢出检验方法对互联网金融和传统金融的均值、波动率、1%极端下跌、5%极端下跌等四类信息溢出进行了实证分析。结果表明,在双向信息溢出方面,两个市场的瞬时 Granger 因果关系检验在以上四类信息溢出层面都是显著的,显示了两个市场存在较高程度的市场一体化情形。在单向信息溢出方面，只有从互联网金融到传统金融的均值信息溢出效应，未曾发现任何从传统金融市场到互联网金融市场的单向溢出效应。通过对比性分析进一步发现，互联网金融自 2013 年爆发式发展之后，使传统金融市场风险增大了。这些结论具有重要的启示意义。

首先，从均值信息溢出的视角来讲，两个市场因受相同宏观基本面因素影响而出现协同运行的态势，而且互联网金融市场有向传统金融市场单向的均值信息溢出现象，监管部门要特别重视互联网金融在这一方面的风险波动情形，重点监控互联网金融的市场波动。

其次，本书未发现两个市场单向的波动率以及 1％和 5％下跌风险的信息溢出现象，只能证实两个市场对未预料到的风险有同样的规避态度，一旦突发利空事件，监管者应当及时对反应不敏感的市场进行市场监控，保护投资者利益免遭不必要的损失。

最后，互联网金融自 2013 年爆发式发展以来加剧了传统金融市场的风险，因此，要加强对互联网金融发展的监管，防止其对传统金融市场造成消极影响。

第六章 互联网金融双重虚拟性背景下的风险防范

积极防范互联网金融风险是促进互联网金融健康发展、维护广大市场参与者权益、充分发挥互联网金融功能的必然要求。然而，互联网金融由双重虚拟性引致的叠加风险的特征，使任何单一的防范金融风险或互联网风险的措施都不能有效防范互联网金融的叠加风险。因此，互联网金融的风险防范是一个系统工程，需要多管齐下、标本兼治才能推出有针对性的举措。为此，必须在征信体系、法规建立、监管制度、技术安全等方面建立同时防控金融风险和互联网风险的政策，才能营造互联网金融安全、健康的发展环境。

第一节 加快建设互联网金融的征信体系

互联网金融的健康发展离不开良好信用环境的支持，征信可为建立良好的信用环境提供保证，它是第三方依法对个人或组织建立信用信息档案，并对外提供信用信息服务的活动。健全的征信体系有助于互联网金融的参与者充分了解交易对象的信用状况，进一步提高识别、判断、防控风险的能力。目前，互联网金融作为一种新型的金融业态，尚未建立完备的征信体系，需要从保护信息主体权益、促进信息充分共享、强化失信行为惩戒等方面出发，加快推进互联网金融的征信体系建设。

一、保护信息主体权益

互联网金融征信体系的主要内容就是个人和组织的信用信息，只有充分保障信息主体的信息隐私，严防信息被泄露、窃取、盗用、篡改等，才能取信于客户，从而采集到他们真实有效的信息，提升征信体系的质量。互联网金融开放性使信息安全较之传统金融更为脆弱，因此，必须将依法征信和加强信息安全监管结合起来，共同维护信息安全。

一方面，必须依法征信。征信活动要严格遵守现行的法律法规，特别是2013年国务院制定并施行的《征信业管理条例》，征信机构内部的规章制度不得与国家相关的法律法规相违背。唯有严格遵循法律法规制定的信息采集的范围、方式和使用规则，才能将征信活动牢牢置于法律法规的严格约束之下。比如，为防止过度采集信息，要保证信息采集的范围限定于可以识别信息主体以及充分判断信息主体的信用状况之内。

另一方面，加强信息安全的监管。要严厉打击打着“征信”的幌子进行非法采集客户信息的行为，从信息采集的源头把好安全关，净化征信环境；建立信息使用授权和不良信息告知制度，在未经授权的情形下，任何个人和组织不得非法使用客户的信用信息，防范信息滥用；严格执行信息安全等级保护制度，推行指纹认证、电子签名、网络认证、数字证书等多种形式的安全认证，严防信息泄露。

二、促进信息充分共享

信息的充分共享对于节约征信服务成本、加速征信服务效率、提升征信服务质量至关重要。目前，互联网金融还没有接入以央行为主导的征信体系，不同的互联网金融征信机构之间的信息共享也不充分。

为此,实现信息共享的第一步就是要打破信息壁垒,制定适用于整个征信体系的信用信息采集、整理、提供、使用等统一标准。这是打通互联网金融与传统金融之间、互联网金融不同征信机构之间信息共享渠道的先决条件。

首先,有必要加强互联网金融行业对统一信息标准的理解,激发各平台根据自身特点,对照信息统一标准修订自身的信用信息标准,尽快建立起包括互联网金融在内的征信体系的统一信息标准。

其次,在统一信息标准的基础上,尽快将符合条件的互联网金融平台与央行征信系统实现对接,并在传统金融信用信息数据库基础上建立起互联网金融征信子数据库,广泛采集互联网金融平台上产生的信用信息数据。在按照统一信息标准加工整理后向接入央行征信系统的所有平台提供征信服务,由此实现互联网金融与央行征信系统之间的信息共享。

最后,互联网金融行业内的不同征信机构之间也要按照统一信息标准互通有无,积极地依法分享自己采集、整理的信用信息数据。因为专业化的信用机构各有优势,可为行业内各平台提供既有价值又有特色的信用信息,以此实现行业内的信息共享。

三、强化失信行为惩戒

信用缺失是导致互联网风险频发的重要原因,也是妨碍互联网金融健康成长的痼疾,其中一个重要原因就是对失信行为缺乏严厉、有效的惩戒,未能让失信者付出与其行为相应的经济和名誉代价①,而征信体系可以补齐这一短板。

第一,做好失信行为的记录和披露。针对互联网金融市场参与者的失信行为,征信体系要尽可能将其一一记录在案,并按照相关法律法

① 参见王富全、许长新:《征信体系建设中的失信惩戒机制分析》,载《金融研究》2008 年第 5 期。

规予以及时、准确披露。大幅提高失信者参与互联网金融市场活动的成本，压缩失信者在互联网金融市场上的生存空间，让那些心存侥幸的参与者不敢失信。

第二，为联合惩戒提供依据。打击互联网金融市场上的失信行为仅靠曝光失信者还不足以形成威慑，要综合运行市场、行政、法律、道德等多种手段让失信者真正付出代价。征信体系可以将失信者的信用状况依法提供给各方惩戒力量，让它们可以根据真实有效的失信者的信用信息作出合法合理的惩罚。比如，运用行政力量限制失信者从事互联网金融活动范围，对触及法律底线的严重失信、失信过多等行为依法追究其民事和刑事责任，引导社会舆论和媒体对失信行为的监督，从道德上对其施加无形压力等，从而让互联网金融参与者失信不起。

第三，激励守信行为。征信体系要让那些真正遵守信用的市场主体得到实惠，就像支付宝中的芝麻信用一样，可以根据客户信用级别的高低提供层次不同的优惠服务，扩大失信者与守信者之间的优惠差距，让市场参与者看到诚实守信的经济效益而自觉守信。

第二节　建立健全互联网金融的法律法规

健全的法律法规是保障互联网金融健康发展、防范互联网金融叠加风险的坚强后盾。但是，我国目前现有的关于互联网金融的法律法规已经跟不上互联网金融发展的步伐，既缺乏专门针对互联网金融这一新型金融形态的法律法规，也没有及时根据互联网金融发展的实际修订已有的涉及互联网金融的法律法规。因此，需要从制订建立新型的法律法规和修订完善现有的法律法规两个方向努力，为防范互联网金融的叠加风险补齐法律法规的短板。

一、制定建立新型的法律法规

我国十分重视互联网金融风险的防范，积极出台了一系列促进互联网金融健康发展的政策法规。比如，2015 年 7 月 18 日，中国人民银行等十部门联合发布了《关于促进互联网金融健康发展的指导意见》，这是指导互联网金融健康发展的纲领性文件。2016 年 8 月 24 日，银监会等四部门出台《网络借贷信息中介机构业务活动管理暂行办法》，标志着规范互联网金融的发展成为大势所趋。同年 10 月 13 日，国务院办公厅印发《互联网金融风险专项整治工作实施方案》，从而为落实互联网金融风险监管指明了方向。从现实效果看，这些政策法规的确为互联网金融的健康发展提供了一定的保障。但是，这些意见、办法、方案等还没有形成一套完整的法律法规体系，也很少考虑互联网金融的叠加风险性特征，不能充分满足促进互联网金融健康发展的现实需要。为此，在充分考虑互联网金融叠加风险的基础上制定出台新型的法律法规势在必行。

首先，加快互联网金融立法。目前，我国关于互联网金融的立法工作明显滞后，急需制定专门性的互联网金融法律，以明确互联网金融的法律地位、业务范围、准入标准、技术规范、监管主体、风险防范、退出机制等涉及互联网金融根本性的问题，从而为互联网金融的发展提供基础性指导。

其次，规范互联网金融的业务创新。互联网金融平台为了提升自己的竞争力，必须不断进行业务创新，推出更多符合市场需求的金融产品和服务。但是，一些竞争实力较弱的平台往往推出具有杠杆性质的高风险金融衍生产品，并大力向客户推销。一般的投资者由于缺乏专业知识，在高息的诱惑下容易成为高风险金融产品的牺牲品。所以，新制定的法律法规要明确规定第三方支付、P2P、众筹等互联网金融模式的业务创新边界，不得开展超出本模式安全边界的金融创新业务，这是防控金融风险的有力举措。

最后，强化互联网技术安全。互联网金融是在互联网技术基础上诞生的新型金融业态，它比传统金融增加了更多的互联网风险。为此，必须将防范互联网风险作为重点内容写入新制定的法律法规之中，可以就网络技术的质量标准、操作规范、日常维护、安全预警等方面出台专门性的法律法规，这对于防范互联网技术导致的风险十分必要。

二、修订完善现有的法律法规

目前，对金融监管的法律法规多是依据传统金融制定，对于互联网金融这样一种新兴且处在不断创新中的金融业态，很多条款已经不适应互联网金融发展的需要，无法在实践中满足互联网金融的监管需求，甚至有些条款还制约着互联网金融的发展。因此，必须对相关法律法规进行修订完善。

一方面，要在现有法律法规基础上，修订《公司法》《证券法》《商业银行法》《网上银行业务管理暂行办法》《支付结算办法》等这些与互联网金融相关的基础性法律法规，对困扰互联网金融发展的有关互联网金融法律地位、业务范围、风险防控、监管责任等一些根本性、基础性问题作出阐释和说明，确立互联网金融在我国金融行业中的发展方位。同时，还要根据互联网金融的发展特点，修订部分已经不适合互联网金融的条款，增补反映互联网金融监管需求的内容，消除原有条款对互联网金融解释的模糊性。比如，众筹是一种参与人数众多的公开融资行为，可以适当修改《证券法》中关于任何单位和个人在未经依法注册的情况下不得“向不特定对象发行证券”或“向特定对象发行证券累计超过二百人”的规定，为众筹的发展提供法律支持。

另一方面，要特别注重保护中小客户的权益。互联网金融的长尾效应和普惠属性显示了中小客户是互联网金融主要的参与力量。从互联网金融近年来爆发的风险案例来看，中小客户是主要的受害者。为此，要加紧修订《消费者权益保护法》，增加保护互联网金融消费者的条款。比如，要求互联网金融平台必须对中小客户进行风险等级测评、产品风险提示、信息充分披露；严禁平台违规向中小客户推荐高风险的投资产品；限定中小客户的投资上限和投资产品范围；严厉打击利用互联网金融向中小客户进行非法集资、诈骗的违法犯罪行为等。

第三节　构建互联网金融的综合监管体系

符合互联网金融发展的监管不会对其造成制约和障碍，反而更有助于互联网金融沿着正确、健康的轨道稳步前进。目前，针对传统金融的监管体系已经比较成熟。但是，不能生搬硬套将其用于互联网金融的监管，而且互联网金融的叠加风险特征表明，传统的金融监管制度已经不能覆盖日益复杂的互联网金融风险状况，急需在现有监管体制的基础上，从监管的原则、模式、方针等方面积极改革创新，摸索构建起一套强有力的监管体系。

一、确立适宜的监管原则

监管原则是监管行动的思想指南和规范准则，对实现监管目标具有重要的意义。互联网金融是一种新生事物，既有服务经济发展的独特优势，又具有叠加风险的特征，应该坚持适度监管与底线思维的原则，这对于促进互联网金融的长久健康发展至关重要。

坚持适度监管是尤为必要的原则。互联网金融是一种创新活力非常活跃的新型金融模式，过度严厉的监管对遏制互联网金融的风险可能十分有用，但同时也扼杀了互联网金融的创新性，特别是在优化金融资源配置中的积极作用，反而得不偿失。从现有的监管发展脉络来看，适度监管一直是主流的监管趋向。比如，《中国金融稳定报告(2014)》提出，要按照“鼓励创新、防范风险、趋利避害、健康发展”的总体要求对互联网金融予以适度监管[①]；中国人民银行等十部门于2016年发布的《关于促进互联网金融健康发展的指导意见》明确提出了“依法监管、适度监管、分类监管、协同监管、创新监管”的五大原则。因此，监管部门要打破保守、僵化的监管思维，以开放、包容、灵活的姿态对互联网金融予以鼓励、支持的适度监管。

同时，坚持底线思维的监管原则必不可少。适度监管不是形式上的表面监管，更不是不管不问的放任自流。互联网金融的双重叠加风险容易导致整个金融市场发生大面积的风险传染，监管部门一定要牢牢守住不发生系统性金融风险的底线，进一步建立健全金融监管体系。对此，针对互联网金融可能出现的各种风险，监管部门要有前瞻性和预防性，制定出各种监测、预警以及应急方案，增强风险应急处置能力；通过各种渠道向市场参与主体亮明监管底线，绝不姑息迁就任何非法的金融活动；不定期开展监管行动，督促互联网金融平台积极自查自纠，将风险隐患消灭在萌芽状态。

二、构筑多机构协同监管

互联网金融是传统金融与互联网技术相互融合而产生的一种具有跨界组合和混业经营特性的新型金融形态，传统的分业监管模式和理念明显不能起到有效监管的目的。因此，必须从监管部门、行业自律、国际交流与合作等方面，促成涉及互联网金融监管的机构协同合作，构筑起无缝隙、无漏洞的协同监管模式。

首先，在监管部门方面，可以尝试设立针对网络金融监管的委员会（简称“网监会”），与国务院金融稳定发展委员会、中国人民银行、银监会、证监会、保监会等组成“一委一行四会”，在此基础上联合工商总局、税务总局、工业和信息化部、公安部等构建多部门全面联合、相互协调

---

① 参见中国人民银行金融稳定分析小组：《中国金融稳定报告（2014）》，中国金融出版社2014年版，第145页。

的监管网络。

其次，在行业自律方面，2015 年 8 月，中国互联网金融协会正式成立，成为规范自身发展的行业自律组织，也是沟通政府、市场、行业的纽带和桥梁。为此，政府要积极鼓励、支持、协助建立类似的行业自律组织。这样可以及时将政府的监管政策传达到行业，也可以将行业的诉求及时反馈给监管部门，更重要的是可以约束本行业的无序竞争，防止互联网金融的双重虚拟性过度膨胀引发其叠加风险，从而实现正式的监管机构与非政府监管机构之间的协同合作。

最后，在国家交流与合作方面，互联网金融是全球性的开放性金融模式，在经济全球化特别是金融全球化的背景下，以互联网金融为载体的跨国金融活动越来越频繁，传染国际金融风险的概率也在不断增大。因此，我国政府和非政府的监管机构要积极同其他国家相关的监管机构开展对话，交流监管经验，或者达成跨国的监管合作关系，建立符合国际惯例又适合中国国情的跨国协同监管机制。

三、实行差异化监管方针

互联网金融的业务模式存在差异且不断发生变化，在叠加风险上的表现形式有所不同。为此，找准各种业务模式的风险脆弱之处是对症监管的关键，应当避免简单、粗放的“一刀切”监管，采取主动、灵活的差异化监管方针，“有所为有所不为”。

首先，对于传统金融的互联网化所形成的手机银行、网上银行、信息化金融机构等，由于它们在防范传统金融风险方面经验丰富且工作到位，应该将监管重点放在信息安全风险、操作风险等方面，严格保护客户的个人隐私，对客户的交易频率、额度、时间等进行提醒和限制，严厉打击各种形式的网络银行诈骗等。

其次，对于互联网的金融化所形成的第三方支付、互联网理财、小额贷款业务等，要根据他们的经营特点，实行差异化监管。在第三方支付方面，严格牌照管理，提高准入门槛；规定平台严格按比例提取风险准备金，不得挪用客户的沉淀资金和备付金；紧密监测大额、频繁、可疑的支付。在互联网理财方面，要严控规模，防止大规模挤兑导致的流动性风险；监测理财资金动向，严禁违规经营；要求及时进行信息披露，并且做好客户的风险测评和提示。在小额贷款方面，监督平台对客户信用的审核，不得向信用低劣的客户开展信贷业务；高度加强对平台信贷业务的审定，必要时可叫停涉及高利贷性质的小额贷款。

最后，对于纯粹的互联网金融如 P2P 借贷、众筹等，要根据各自的运营特征，实行差异化监管。在 P2P 借贷监管方面，要严格执行第三方资金存管制度，平台本身提供信息撮合但不能直接接触资金；设定客户交易最高限额，保证客户的投资在其风险承受能力之内；尽快将 P2P 交易数据库和央行征信系统对接，方便信用信息的查询。在众筹方面，重点监管股权众筹，要设定投资人数、融资上限、交易额度等，避免其陷入非法证券融资的漩涡；加强信息披露，不管哪种形式的众筹，对客户都要负责到底，按照协议及时披露项目进展。

第四节　强化互联网金融的技术安全防范

互联网金融的运行主要是在虚拟化的互联网空间中进行，这有别于传统金融的实体运行基础，因此，网络技术的安全就成为其赖以生存和发展的根本性保障。目前，我国互联网金融的技术还存在着许多不安全因素，互联网空间的虚拟性进一步放大了这些因素引发技术风险的可能性。为此，对互联网技术要从优化网络基础环境、设立技术安全标准、加大数据安保力度、推动技术自主创新等多维度入手，为互联网金融的技术安全筑起多重厚实的防火墙。

一、优化网络基础环境

互联网的硬件设施是保障网络健康运行的重要支柱，它的物理安全构成了互联网金融管理技术风险的基础。要在加大资金投入的基础上从环境安全、设备安全、媒体安全等三大安全以及维护检修等方面进一步改进和优化网络硬件方面的运行环境。

首先，在资金方面，政府和平台都要加大对互联网硬件设备的安全性投入。政府要在事关整个网络安全的通信电缆、光导纤维、卫星网络等方面增加投入，平台要增加成本投入购置先进的硬件设备或租用专业化计算机公司的硬件设备，从而在互联网金融行业逐步建立起基于攻击语境的主动防御体系。

其次，在环境安全、设备安全、媒体安全等三大安全方面，环境安全就是保护硬件所处的环境免受风险，可采用双回路备份主机房的电源；安装监控设备严格监视进出主机房的人员；强化主要硬件设备所在机房的防震、防火能力等措施。设备安全就是保护硬件设备能够正常工作，防止设备被盗窃、损毁、线路截获以及电磁干扰等。媒体安全包括媒体数据的安全及媒体本身的安全，要建立并严格执行信息数据的保管、存放和销毁制度，妥善存管硬盘、光盘等存储信息的载体。

最后，在维护检修方面，要定期对硬件设备进行检查和清理，及时修补或更换损毁的部件；保证计算机房的温度、湿度等维持在一个不影响设备性能的安全范围之内。

二、设立技术安全标准

不同的互联网金融平台采用的技术标准并非完全统一，除了不利于各平台间的信息交流、阻塞信息共享渠道以及降低客户的满意度之外，更给监管带来了很大难度，因为监管部门无法用统一的标准“衡量”各个平台的网络技术是否安全。因此，要从统筹协调、基础标准、行业差异、国际借鉴等方面做好技术安全标准的制定工作。

首先,互联网金融的技术标准制定工作会涉及诸如科学技术部、工业和信息化部等,政府要积极统筹安排,协调涉及网络技术风险监管的各部门商谈具体事宜,明确未来的技术监管分工和职责,提前消除以后的监管冲突。

其次,要制定互联网金融技术的基础标准,将其作为互联网金融的技术进入门槛。针对形式多样的互联网金融创新模式,要先以基础标准衡量其网络技术是否达标,不能因为其对经济发展的正面影响或未来前景而降低技术标准,以此提高平台间的技术兼容性。

再次,制定技术标准要慎重对待行业差异,对于那些客户访问量大、社会影响面广、容易受技术风险侵袭的互联网金融平台,要在基础标准的前提下制定更为严格的技术规范,对于那些新兴且具有良好发展前景的平台要在其达到基础标准的情况下,制定技术标准时不必过于严苛,比如公益性众筹等。

最后,要借鉴而不是照搬国际先进标准和规范,根据我国互联网金融发展的技术特点以及未来走向国际化的发展趋势,制定符合互联网金融全球化发展要求的技术标准。

三、加大信息安保力度

互联网金融是一个为各种金融信息交易服务的平台,从技术上保证信息安全是平台重中之重的任务,结合当今网络技术的发展,可以从病毒防御、安全访问、数据加密、信息备份等方面做好信息安全工作。

首先,病毒防御方面,平台要未雨绸缪,提前做好防范计算机系统遭遇病毒攻击以致信息泄露的准备,安装并完善包括硬件防火墙、软件防火墙、芯片级防火墙等在内的一系列防火墙,及时进行病毒检测以及优化、升级病毒防御系统。

其次,安全访问方面,保护客户的登录信息安全是防止信息泄露的重要一环，要综合运用身份验证、数字签名、实名注册、分级授权等方式保障客户登录、访问平台的安全性，阻止第三方非法套用客户身份冒名登录。

再次，数据加密方面，要积极利用密钥技术对数据进行加密，这样可以将数据转化成相应形式的乱码，即使数据在传输中被窃取，也只是获取乱码之后的数据，数据中的准确信息依然隐秘和安全。特别是在用户支付转账时要加载安全控件，为关键数据加密，保护账号和密码免遭木马程序或病毒的盗取。

最后，信息备份方面，为保证平台因为人为攻击或不可抗力因素导致的数据泄露之后还能维持交易数据正常流通，要建立多层次的数据备份系统，每一系统之间也要进行有效隔离，并设置严密的访问权限。

四、推动技术自主创新

互联网金融核心的、关键的技术依靠进口和模仿，在短期内有可能加强技术安全性，但从长期来看会在技术上受制于人，也不能保证这些技术是否暗藏漏洞，导致网络系统被监视以及信息被窃取的风险。因此，加快信息技术创新，研发具有自主知识产权和知名品牌的信息技术安全产品势在必行，要重点从资金投入、人才保障、融合创新、推广国产等方面给予技术创新更多支持。

首先，在资金投入方面，国家要加大对信息技术的资金投入力度，增加科研投入的政府预算，提高技术科研项目的经费额度，制定丰厚的技术创新的物质奖励标准等。

其次，在人才保障方面，政府要重点支持高等院校、科研院所等培养信息技术创新人才，大力引进国外在互联网技术创新方面有卓越贡献和成就的高级人才，并创造良好舒适的工作环境让创新人才安心于技术创新。

再次，在融合创新方面，要积极将其他领域的技术应用到互联网金融风险的防范中。比如，可以将生物特征的识别技术如指纹、眼纹、刷脸、声波等积极引入互联网金融的身份识别中，减少非法登录引致的信息泄露等风险；将人工智能与互联网金融紧密结合起来发展智能金融，减少人为操作不慎引发的技术风险等。

最后，在推广国产方面，政府要鼓励互联网金融平台使用国产创新型的信息技术硬件、软件等，逐渐以国产化降低对外来进口设备的依赖，加快自主技术创新向现实应用转化。

第七章　结　语

互联网金融是传统金融与互联网技术相互融合创新之后的新型金融模式。从2013年以来，我国互联网金融呈现出爆发式发展态势，特别是P2P、第三方支付、众筹等互联网金融典型模式的发展尤为迅猛，其影响力逐渐渗透到社会经济的方方面面，引起社会各界的广泛关注。但是，互联网金融蕴含的风险也伴随其虚拟性规模的快速增长而不断爆发，致使金融市场参与者遭受重大损失，严重危害社会经济的正常运行。究其原因是，互联网金融作为传统金融与互联网技术融合的产物，同时具备金融虚拟性和互联网虚拟性，这种双重虚拟性特征导致其风险兼具传统金融风险和互联网风险，两种风险的叠加产生了比传统金融更大的风险。本书梳理已有文献发现，学术界已经关注到该问题，指出互联网金融的虚拟性具有融合性、二重性、叠加性等特征，认为互联网金融的风险既有传统金融方面的风险，也有互联网方面的风险，表现出两种风险叠加的特性。但是，现有研究只是在表层次上意识到互联网金融存在双重虚拟性和叠加风险的情形，却未能构建起一个完整的理论框架深入分析互联网金融的双重虚拟性问题，也没有从互联网金融的双重虚拟性视角剖析叠加风险的形成机理。为此，本书认为互联网金融作为一种特殊的“互联网空间”，通过“复制”传统金融的运行至互联网虚拟空间，打造了一个为客户提供各类金融服务的虚拟平台，由此使得互联网金融具有双重虚拟性和叠加风险。基于该视角，本书构建了分析互联网金融双重虚拟性的理论框架，并以此理论框架剖析了双重虚拟性引致叠加风险的机理，随后实证研究了互联网金融与传统金融的风险溢出问题，发现互联网金融市场比传统金融市场具有更大的波动风险，最后根据理论分析与实证结论，提出了有效防控互联网金融风险的政策建议。

本书在全面、系统地梳理、总结迄今关于互联网金融的虚拟性与风险的文献基础上，首先，对互联网金融的双重虚拟性和叠加风险展开理论分析。本书先是通过阐述互联网金融的内涵、特点、模式等基本理论做好铺垫，然后对金融的虚拟性内涵，从互联网空间的视角对互联网的虚拟性内涵进行一般理论分析，并在此基础上界定互联网金融的双重虚拟性内涵，同时，对互联网金融叠加风险的内涵、特点、类型进行阐释，为下一步从双重虚拟性角度分析其形成机理奠定基础。其次，对互联网金融的双重虚拟性引致叠加风险的机理进行深入剖析。本书先从虚拟价值的视角探析双重虚拟性的形成机理，进而再剖析其引致叠加风险的机理：一方面，互联网金融的本质仍然是金融，必定具有传统金融风险；另一方面，互联网金融以网络虚拟空间为运行载体，受信息不对称、长尾效应、竞争性垄断、网络共享性的影响，也会叠加互联网风险，两种风险相互影响和作用，致使互联网金融形成叠加风险，而且不同的互联网金融模式所形成的叠加风险及其对传统金融风险的影响不尽相同。再次，对互联网金融与传统金融的风险溢出问题进行实证研究。本书基于交叉相关函数的信息溢出检验方法，以中证互联网金融指数和中证 800 金融指数分别作为互联网金融市场和传统金融市场的代表性指数，并将其作为研究对象，对互联网金融和传统金融的均值、波动率、1％极端下跌、5％极端下跌等四类信息溢出进行实证检验，结果表明两个市场的一体化程度较高，且互联网金融市场具有更高的风险敏感性和溢出效应，通过进一步对比性分析还发现，互联网金融自 2013 年进入爆发式发展以后，传统金融市场的风险增大了。最后，对有效防控互联网金融风险提出了政策建议。本书认为互联网金融的风险是由其双重虚拟性引致的叠加风险，单靠防范金融风险或互联网风险的措施都难以取得理想的防控效果，在当前防控金融风险政策较为成熟的前提下，也要多从互联网技术入手探索防控举措，并从加快建设互联网金融的征信体系、建立健全互联网金融的法律法规、构建互联网金融的综合监管体系、强化互联网金融的技术安全等四方面多管齐下，构建同时防控金融风险和互联网风险的政策体系。

本书的研究虽然在理论上对深刻理解互联网金融的双重虚拟性及其引致的叠加风险、在实践中对有效防控互联网金融的叠加风险都具有一定的意义，但是，限于个人研究水平与能力，还存在不足之处，有待于未来进一步完善，在下一步研究中重点做好两方面工作。一方面，拓宽研究视角以深化对互联网金融叠加风险形成机理的研究。本书基于我国互联网金融目前发展的实际状况，从互联网金融双重虚拟性角度剖析了其叠加风险的形成机理，但是，双重虚拟性不是导致互联网金融形成叠加风险的唯一因素。随着互联网金融的发展和国内外经济环境的变化，监管政策、国际竞争等因素都会引致叠加风险，为此，需要在互联网金融双重虚拟性理论的基础上积极拓宽研究视角，深化研究互联网金融叠加风险的形成机理，从而为深刻把握互联网金融叠加风险的复杂成因，进而精准制定并实施防控互联网金融叠加风险的政策提供坚实的理论依据。另一方面，实证研究互联网金融和传统金融代表性行业的风险溢出问题。本书以中证互联网金融指数和中证 800 金融指数分别作为互联网金融市场和传统金融市场的代表性指数，使用基于交叉相关函数的信息溢出检验方法，实证研究了两个市场的风险溢出问题，结果显示互联网金融对传统金融具有风险溢出效应。然而，限于数据的可得性，未能将互联网金融与银行、证券、保险等传统金融的代表性行业一一进行风险溢出关系的实证研究，因此，必须多方搜集有效数据展开实证分析，以此为准确掌握和比较互联网金融对传统金融不同行业的风险溢出效应、制定差异化监管措施提供数据支撑。

参考文献

一、中文部分

(一)中文著作

1.郭白滢、马艳:《网络虚拟价值的理论分析与实证检验》,上海财经大学出版社 2011 年版。

2.李宝伟:《经济虚拟化与政府对金融市场的干预》,南开大学出版社 2005 年版。

3.罗明雄、唐颖、刘勇:《互联网金融》,中国财政经济出版社 2013 年版。

4.王勇、隋鹏达、关晶奇:《金融风险管理》,机械工业出版社 2014 年版。

5.张晓晶:《符号经济与实体经济——金融全球化时代的经济分析》,上海人民出版社 2002 年版。

6.中国人民银行金融稳定分析小组:《中国金融稳定报告(2014)》,中国金融出版社 2014 年版。

(二)中文译著

1.[美]彼得·德鲁克:《管理的前沿》,许斌译,企业管理出版社 1988 年版。

2.[美]彼得·纽曼·默里·米尔盖特尔、[英]约翰·伊特维尔:《新帕尔格雷夫货币金融大辞典》第2卷,北京大学经济学院金融学系译,经济科学出版社2000年版。

3.[美]克里斯·安德森:《长尾理论》,乔江涛译,中信出版社2006年版。

4.[奥]鲁道夫·希法亭:《金融资本》,李琼译,华夏出版社2017年版。

5.马克思:《资本论》第1卷,人民出版社2004年版。

6.马克思:《资本论》第2卷,人民出版社2004年版。

7.马克思:《资本论》第3卷,人民出版社2004年版。

8.[日]伊藤·诚、[希]考斯达斯·拉帕维查斯:《货币金融政治经济学》,孙刚、戴淑艳译,经济科学出版社2001年版。

(三)期刊论文、学位论文及网络文章

1.白钦先、谭庆华:《金融虚拟化与金融共谋共犯结构——对美国次贷危机的深层反思》,载《东岳论丛》2010年第4期。

2.白钦先、徐爱田:《金融虚拟性命题及其理论渊源》,载《辽宁大学学报(哲学社会科学版)》2004年第4期。

3.白钦先、禹钟华:《对虚拟经济内涵的再探讨》,载《西南金融》2007年第11期。

4.巴曙松、王凤娇、孔颜:《系统性金融风险的测度方法比较》,载《湖北经济学院学报》2011年第1期。

5.博强:《迎接互联网金融元年》,载《大众理财顾问》2013年第2期。

6.曹凤岐:《互联网金融对传统金融的挑战》,载《金融论坛》2015年第1期。

7.常海中、杜欣:《金融虚拟化演进考》,载《广东金融学院学报》2007年第1期。

8.陈秋玲、薛玉春、肖璐:《金融风险预警:评价指标、预警机制与实证研究》,载《上海大学学报(社会科学版)》2009年第5期。

9.陈荣达、余乐安、金骋路:《中国互联网金融的发展历程、发展模式与未来挑战》,载《数量经济技术研究》2020年第1期。

10.陈守东、马辉、穆春舟:《中国金融风险预警的MS-VAR模型与区制状态研究》,载《吉林大学社会科学学报》2009年第1期。

11.陈守东、王寅、王婷:《系统性金融风险及其防范对策研究》,载《社会科学战线》2013年第12期。

12.陈守东、杨莹、马辉:《中国金融风险预警研究》,载《数量经济技术经济研究》2006年第7期。

13.陈孝明、张伟、罗梓健:《互联网金融对商业银行稳定性的冲击效应》,载《学术研究》2019年第1期。

14.陈燕玲:《金融风险管理的演进:动因、影响及启示》,载《中央财经大学学报》2006年第7期。

15.陈耀辉、马凌云:《基于Copula-GARCH模型的互联网金融市场风险测度》,载《南京财经大学学报》2021年第1期。

16.陈钊、邓东升:《互联网金融的发展、风险与监管——以P2P网络借贷为例》,载《学术月刊》2019年第12期。

17.成思危:《虚拟经济与金融危机》,载《管理科学学报》1999年第1期。

18.成思危:《虚拟经济探微》,载《南开学报(哲学社会科学版)》2003年第2期。

19.成思危:《虚拟经济的基本理论及研究方法》,载《管理评论》2009年第1期。

20.陈珂、张竞文:《互联网货币市场基金与金融市场风险溢出效应研究——基于GARCH-CoVaR模型》,载《金融经济学研究》2017年第9期。

21.陈力丹、霍仟:《互联网传播中的长尾理论与小众传播》,载《西南民族大学学报(人文社会科学版)》2013 年第 4 期。

22.陈志武:《互联网金融到底有多新》,载《新金融》2014 年第 4 期。

23.邓新颖、杨庚、姚放吾、李晖:《基于多阶段网络攻击的网络风险评估方法研究》,载《计算机工程与应用》2006 年第 18 期。

24.杜厚文、樊会文:《论金融风险的特征与实质》,载《经济评论》1998 年第 3 期。

25.房红:《金融虚拟性对银行脆弱性的影响——对最近两次银行危机的实证分析》,载《湖北社会科学》2013 年第 1 期。

26.方先明、孙利:《民间金融风险:形成、传染与演化》,载《中央财经大学学报》2015 年第 7 期。

27.范立国、王红斌:《网络虚拟社会的现实化管理问题研究》,载《东北师大学报(哲学社会科学版)》2010 年第 6 期。

28.冯涛、崔光庆:《我国金融风险与政府投资行为:理论与实证分析》,载《金融研究》2007 年第 10 期。

29.宫晓林:《互联网金融模式及对传统银行业的影响》,载《南方金融》2013 年第 5 期。

30.宫晓琳:《未定权益分析方法与中国宏观金融风险的测度分析》,载《经济研究》2012 年第 3 期。

31.顾海峰、谢疏影:《互联网金融影响了商业银行流动性创造吗?》,载《财经理论与实践》2021 年第 6 期。

32.郭建辉:《我国互联网金融发展的内生逻辑、驱动因素与金融功能效应》,载《税务与经济》2018 年第 1 期。

33.郭瑞云:《互联网金融风险治理对策探析》,载《长春金融高等专科学校学报》2015 年第 6 期。

34.郭喜才:《互联网金融风险及其监管研究》,载《江西社会科学》2015 年第 7 期。

35.何建雄:《建立金融安全预警系统:指标框架与运作机制》,载《金融研究》2001 年第 1 期。

36.何启志、彭明生:《基于互联网金融的网贷利率特征研究》,载《金融研究》2016 年第 10 期。

37.洪娟、曹彬、李鑫:《互联网金融风险的特殊性及其监管策略研究》,载《中央财经大学学报》2014 年第 9 期。

38.黄光球、李艳:《基于粗糙图的网络风险评估模型》,载《计算机应用》2010 年第 1 期。

39.黄海峰、马弘毅:《论中国金融风险管理的主要方法》,载《经济理论与经济管理》2005 年第 9 期。

40.黄正新:《关于泡沫经济及其测度的几个理论问题》,载《金融研究》2002 年第 6 期。

41.胡坚:《浅析互联网金融风险及其防范》,载《人民论坛》2016 年第 1 期。

42.胡萍:《大数据环境下基于信息融合的网络风险评估模型》,载《科技通报》2015 年第 9 期。

43.胡强、刘孙俊:《基于免疫的网络风险分布式定量评估模型》,载《成都大学学报(自然科学版)》2011 年第 3 期。

44.江其务:《论金融监管》,载《财贸经济》2001 年第 3 期。

45.江维国、李立清:《互联网金融下我国新型农业经营主体的融资模式创新》,载《财经科学》2015 年第 8 期。

46.金锟、宋良荣:《基于博弈论视角的互联网金融风险管理探讨》,载《中国集体经济》2014 年第 19 期。

47.蓝庆新、韩羽来:《基于 Logistic 模型的传统金融与互联网金融共生性研究》,载《贵州财经大学学报》2018 年第 4 期。

48.梁东黎:《膨胀转为衰退的机制:实体经济和符号经济相互影响的分析框架》,载《南京社会科学》2010 年第 3 期。

49.梁立华:《发挥普惠功能,防范叠加风险,推动互联网金融健康发展》,载《新经济》2016 年第 19 期。

50.梁力军、赵鑫:《互联网金融风险分析与监管策略探究》,载《河北金融》2015 年第 8 期。

51.梁玲、陈庶民、徐孟春、殷石昌:《基于贝叶斯模型的网络风险动态评估方法》,载《信息工程大学学报》2007 年第 1 期。

52.梁萌:《技术变迁视角下的劳动过程研究——以互联网虚拟团队为例》,载《社会学研究》2016 年第 2 期。

53.廖愉平:《我国互联网金融发展及其风险监管研究——以 P2P 平台、余额宝、第三方支付为例》,载《经济与管理》2015 年第 2 期。

54.李彩凤、梁静溪:《互联网金融风险的实证评价及优化对策》,载《金融理论与实践》2016 年第 5 期。

55.李成、李玉良、王婷:《宏观审慎监管视角的金融监管目标实现程度的实证分析》,载《国际金融研究》2013 年第 1 期。

56.李翀:《马克思的劳动价值论与金融资产的虚拟价值》,载《中国人民大学学报》2001 年第 4 期。

57.李翀:《论金融的虚拟化及其运行机制》,载《教学与研究》2002 年第 11 期。

58.李海舰、田跃新、李文杰:《互联网思维与传统企业再造》,载《中国工业经济》2014 年第 10 期。

59.李红梅:《网络虚拟性对人的全面发展的阻抗》,载《兰州学刊》2009 年第 11 期。

60.李佳:《互联网金融对传统银行业的冲击与融合——基于功能观的讨论》,载《云南财经大学学报》2015 年第 1 期。

61.李建建、乔臣:《金融虚拟化背景下经济危机的解读与应对》,载《福建师范大学学报(哲学社会科学版)》2011 年第 3 期。

62.李继尊:《关于互联网金融的思考》,载《管理世界》2015 年第

7 期。

63.李乐、毛道维:《流动性平衡、价值创造及金融产品设计原则——基于符号经济系统和实体经济系统互动的视角》,载《财经科学》2010 年第 5 期。

64.刘海、武宏燕:《互联网金融风险度量研究》,载《中国商贸》2015 年第 4 期。

65.刘骏民:《虚拟经济的理论框架及其命题》,载《南开学报(哲学社会科学版)》2003 年第 2 期。

66.刘俊奇、房红:《基于金融虚拟性理论的美国次贷危机成因分析》,载《沈阳工业大学学报(社会科学版)》2011 年第 1 期。

67.刘澜飚、齐炎龙、张靖佳:《互联网金融对货币政策有效性的影响——基于微观银行学框架的经济学分析》,载《财贸经济》2016 年第 1 期。

68.刘澜飚、沈鑫、郭步超:《互联网金融发展及其对传统金融模式的影响探讨》,载《经济学动态》2013 年第 8 期。

69.刘孟飞、王琦:《互联网金融对商业银行绩效的影响机理与异质性研究》,载《经济理论与经济管理》2021 年第 8 期。

70.刘敏、任钟媛、周德才、吕英超:《基于混频数据的互联网金融风险测度及预测研究》,载《管理学报》2022 年第 12 期。

71.刘胜航、张翔、曹旭平:《网络风险状态评估模型》,载《计算机安全》2006 年第 2 期。

72.刘文芬、张树伟、龚心:《一种优化的基于 Markov 博弈理论的网络风险评估方法》,载《电信科学》2014 年第 7 期。

73.刘瑛、杨伯溆:《互联网与虚拟社区》,载《社会学研究》2003 年第 5 期。

74.刘越、徐超、于品显:《互联网金融:缘起、风险及其监管》,载《社会科学研究》2014 年第 3 期。

75.李晓西、杨琳:《虚拟经济、泡沫经济与实体经济》,载《财贸经济》2000年第6期。

76.李艳、黄光球、张斌:《基于攻击事件的动态网络风险评估框架》,载《计算机工程与科学》2016年第9期。

77.马春光、汪诚弘、张东红、李迎涛:《一种基于攻击意愿分析的网络风险动态评估模型》,载《计算机研究与发展》2015年第9期。

78.马文刚:《2013开启互联网金融“元年”》,载《上海信息化》2013年第2期。

79.马艳、蔡民强、王宝珠、张思扬:《互联网空间的虚拟价值理论分析》,载《广义虚拟经济研究》2016年第1期。

80.马艳、郭白滢:《网络经济虚拟性的理论分析与实证检验》,载《经济学家》2011年第2期。

81.马艳、李韵:《虚拟价值理论及现代性分析》,载《复旦学报(社会科学版)》2012年第1期。

82.欧阳资生、莫廷程:《互联网金融风险度量与评估研究》,载《湖南科技大学学报(社会科学版)》2016年第3期。

83.裴平、傅顺:《互联网金融发展对商业银行流动性的影响——来自中国15家上市银行的经验证据》,载《经济学家》2020年第12期。

84.彭迪云、李阳:《互联网金融与商业银行的共生关系及其互动发展对策研究》,载《经济问题探索》2015年第3期。

85.彭凌西、陈月峰、刘才铭、曾金全、刘孙俊、赵辉:《基于危险理论的网络风险评估模型》,载《电子科技大学学报》2007年第6期。

86.皮天雷、赵铁:《互联网金融:逻辑、比较与机制》,载《中国经济问题》2014年第4期。

87.皮天雷、赵铁:《互联网金融:范畴、革新与展望》,载《财经科学》2014年第6期。

88.蒲夫生、贺小平:《论金融虚拟化、自由化和一体化与投资基金法律制度》，载《兰州大学学报（社会科学版）》2002 年第 3 期。

89.[美]乔治・阿克洛夫：《"柠檬"市场：质量的不确定性和市场机制》，载《经济导刊》2001 年第 6 期。

90.秦池江：《货币制度与货币政策风险》，载《经济学家》1999 年第 6 期。

91.仇晓光、刘闻博：《互联网金融风险防控论纲》，载《江西社会科学》2015 年第 9 期。

92.屈广清：《国际法应对我国互联网金融风险的具体建议》，载《海峡法学》2016 年第 1 期。

93.阮永平：《混业经营下的金融风险管理研究——一个基于经济资本的风险度量模型运用》，载《管理世界》2011 年第 7 期。

94.[日]三木谷良一：《日本泡沫经济的产生、崩溃与金融改革》，载《金融研究》1998 年第 6 期。

95.申凡、徐艳华：《网络风险的监管》，载《新闻前哨》2008 年第 8 期。

96.沈军：《金融虚拟性与金融体系效率——来自中国的实证数据》，载《财贸经济》2009 年第 6 期。

97.申小蓉、贺小培、杨菁：《互联网虚拟社群组织文化认同研究——以"保研论坛"为例》，载《西南民族大学学报（人文社会科学版）》2014 年第 5 期。

98.沈悦、郭品：《互联网金融、技术溢出与商业银行全要素生产率》，载《金融研究》2015 年第 3 期。

99.史志才：《网络风险评估方法研究》，载《计算机应用》2008 年第 10 期。

100.宋光辉、吴超、吴栩：《互联网金融风险度量模型选择研究》，载《金融理论与实践》2014 年第 12 期。

101.孙晋：《互联网金融平台传统监管的局限与法治化改革》，载《华东政法大学学报》2023 年第 1 期。

102.苏汝劼、张寰宇:《利用互联网金融发展中国健康产业的模式和途径分析》,载《宏观经济研究》2018 年第 3 期。

103.孙国茂:《互联网金融:本质、现状与趋势》,载《理论学刊》2015 年第 3 期。

104.陶玲、朱迎:《系统性金融风险的监测和度量——基于中国金融体系的研究》,载《金融研究》2016 年第 6 期。

105.陶娅娜:《互联网金融发展研究》,载《金融发展评论》2013 年第 11 期。

106.王璨:《从马克思主义资本循环和周转理论看网络经济》,载《长沙铁道学院学报(社会科学版)》2002 年第 2 期。

107.王爱俭:《关于虚拟经济几个重要问题的再讨论》,载《现代财经》2008 年第 2 期。

108.王春峰、万海晖、张维:《金融市场风险测量的总体框架》,载《国际金融研究》1998 年第 9 期。

109.王富全、许长新:《征信体系建设中的失信惩戒机制分析》,载《金融研究》2008 年第 5 期。

110.王广谦:《中国金融发展中的结构问题分析》,载《金融研究》2002 年第 5 期。

111.王国刚、张扬:《互联网金融之辨析》,载《财贸经济》2015 年第 1 期。

112.王健、赵秉元:《互联网金融创新的沙盒监管:挑战与应对》,载《兰州学刊》2021 年第 10 期。

113.王亮、李涛、梁刚:《基于多核构架的高速实时网络风险评估模型》,载《计算机工程与设计》2011 年第 10 期。

114.王立国、许爱萍:《技术创新视角下网络金融风险的特点及合作监控模式构建》,载《南京社会科学》2014 年第 1 期。

115.王立勇、石颖:《互联网金融的风险机理与风险度量研究——以P2P网贷为例》,载《东南大学学报(哲学社会科学版)》2016年第2期。

116.王倩、吴承礼:《互联网金融风险的生成机理分析》,载《社会科学辑刊》2016年第5期。

117.王曙光、张春霞:《互联网金融发展的中国模式与金融创新》,载《长白学刊》2014年第1期。

118.王兆刚:《论经济全球化与金融虚拟性》,载《金融论坛》2003年第8期。

119.魏宇、黄登仕:《基于多标度分形理论的金融风险测度指标研究》,载《管理科学学报》2005年第4期。

120.翁晟:《互联网金融元年》,载《大众理财顾问》2014年第1期。

121.王达:《影子银行演进之互联网金融的兴起及其引发的冲击——为何中国迥异于美国?》,载《东北亚论坛》2014年第4期。

122.吴成颂:《我国金融风险预警指标体系研究》,载《技术经济与管理研究》2011年第1期。

123.吴成颂、王超、倪清:《互联网金融对商业银行系统性风险的影响——基于沪深股市上市商业银行的证据》,载《当代经济管理》2019年第2期。

124.乌家培:《网络革命与网络经济学》,载《经济学动态》1996年第11期。

125.乌家培:《发展网络经济　改进经济治理——"网络经济与经济治理国际研讨会"综述》,载《经济学动态》2001年第7期。

126.乌家培:《网络经济及其对经济理论的影响》,载《学术研究》2000年第1期。

127.吴诗伟、朱业、李拓:《利率市场化、互联网金融与商业银行风险——基于面板数据动态GMM方法的实证检验》,载《金融经济学研究》2015年第6期。

128.吴晓求:《中国金融的深度变革与互联网金融》,载《财贸经济》2014 年第 1 期。

129.吴晓求:《互联网金融:成长的逻辑》,载《财贸经济》2015 年第 2 期。

130.向静林:《互联网金融风险与政府治理机制转型》,载《社会科学研究》2021 年第 1 期。

131.谢尔曼、黄旭、周杨:《互联网金融的网络安全与信息安全要素分析》,载《上海大学学报(社会科学版)》2015 年第 4 期。

132.谢平:《互联网金融的现实与未来》,载《新金融》2014 年第 4 期。

133.谢平、邹传伟:《互联网金融模式研究》,载《金融研究》2012 年第 12 期。

134.谢平、邹传伟、刘海二:《互联网金融的基础理论》,载《金融研究》2015 年第 8 期。

135.许崇正、刘雪梅:《论我国商业银行金融风险预警指标体系》,载《经济问题》2002 年第 2 期。

136.许多奇:《互联网金融风险的社会特性与监管创新》,载《法学研究》2018 年第 5 期。

137.徐洁、隗斌贤、揭筱纹:《互联网金融与小微企业融资模式创新研究》,载《商业经济与管理》2014 年第 4 期。

138.许荣、刘洋、文武健、徐昭:《互联网金融的潜在风险研究》,载《金融监管研究》2014 年第 3 期。

139.徐炜、黄炎龙:《GARCH 模型与 VaR 的度量研究》,载《数量经济技术经济研究》2008 年第 1 期。

140.徐向艺、牛卫东、魏巍:《互联网金融商业模式选择:效率性提高会带来颠覆性创新吗?》,载《东岳论丛》2020 年第 1 期。

141.徐晓林:《互联网虚拟社会的特征与管理》,载《电子政务》2011

年第9期。

142.杨东:《互联网金融风险规制路径》,载《中国法学》2015年第3期。

143.杨静:《"互联网+"时代的网络安全及其防控分析》,载《经济研究参考》2015年第71期。

144.杨柳、吕英华:《基于云模型的网络风险评估技术研究》,载《计算机仿真》2010年第10期。

145.杨群华:《我国互联网金融的特殊风险及防范研究》,载《金融科技时代》2013年第7期。

146.尹振涛:《互联网金融监管的法治化思考:必要性、路径及实施》,载《社会科学家》2019年第10期。

147.余涛、毕军、吴建平:《未来互联网虚拟化研究》,载《计算机研究与发展》2015年第9期。

148.于维生、张志远:《国际金融监管的博弈解析与中国政策选择》,载《国际金融研究》2013年第1期。

149.曾建光:《网络安全风险感知与互联网金融的资产定价》,载《经济研究》2015年第7期。

150.曾康霖:《试析金融风险、金融危机与金融安全》,载《金融发展研究》2008年第2期。

151.曾润喜、郑斌、张毅:《中国互联网虚拟社会治理问题的国际研究》,载《电子政务》2012年第9期。

152.张保稳、罗铮、薛质、银鹰:《基于全局权限图的网络风险评估模型》,载《上海交通大学学报》2010年第9期。

153.张承惠:《关于互联网金融风险的思考与建议》,载《经济纵横》2016年第4期。

154.张成虎、刘杰:《互联网金融创新与金融监管的动态演化博弈》,载《贵州社会科学》2020年第1期。

155.张健:《中国互联网金融风险与监管体系改革的路径选择》,载《亚太经济》2018 年第 6 期。

156.张婕、吴振强、霍成义、见晓春:《基于熵权系数 BWIP 网络风险评估方法》,载《计算机工程与应用》2007 年第 15 期。

157.张晶:《互联网金融:新兴业态、潜在风险与应对之策》,载《经济问题探索》2014 年第 4 期。

158.张树伟、刘文芬、魏江宏:《基于博弈模型的网络风险量化评估方法》,载《信息工程大学学报》2014 年第 2 期。

159.张晓晶:《试论符号经济与实体经济的关联》,载《中国人民大学学报》1996 年第 2 期。

160.张晓朴:《系统性金融风险研究:演进、成因与监管》,载《国际金融研究》2010 年第 7 期。

161.张亦春、许文彬:《风险与金融风险的经济学再考察》,载《金融研究》2002 年第 3 期。

162.张颖、张富祥:《分位数回归的金融风险度量理论及实证》,载《数量经济技术经济研究》2012 年第 4 期。

163.张永铮、方滨兴、迟悦、云晓春:《网络风险评估中网络节点关联性的研究》,载《计算机学报》2007 年第 2 期。

164.赵进文、张胜保、韦文彬:《系统性金融风险度量方法的比较与应用》,载《统计研究》2013 年第 10 期。

165.郑联盛:《中国互联网金融:模式、影响、本质与风险》,载《国际经济评论》2014 年第 5 期。

166.周昌发:《论互联网金融的激励性监管》,载《法商研究》2018 年第 4 期。

167.周诚诚、张代远:《利用图像识别技术过滤海量可疑钓鱼网站》,载《计算机技术与发展》2012 年第 11 期。

168.周宇:《互联网金融:一场划时代的金融变革》,载《探索与争鸣》

2013年第9期。

169.常海中:《金融虚拟性演进及其正负功能研究》,辽宁大学博士学位论文,2007年,第3页。

170.《2017年第二季度第三方支付市场监测报告》,搜狐网,https://www.sohu.com/a/196887194_99943574,2017年10月9日。

171.《2017年全国P2P网贷成交额情况分析:同比增长38.87%》,360doc个人图书馆,http://www.360doc.com/content/18/0525/11/40490835_756884456.shtml,2018年5月25日。

172.《2017年全国P2P网贷行业大数据报告》,贝它财经,https://www.betax.cn/3343.html,2018年1月3日。

173.《2017年中国第三方支付市场监测报告》,艾瑞咨询,https://www.iresearch.com.cn/Detail/report?id=3035&isfree=0,2017年8月14日。

174.《"e租宝"非法集资案真相调查》,中华人民共和国最高人民检察院网,https://www.spp.gov.cn/spp/zdgz/201602/t20160201_111982.shtml,2016年2月1日。

175.《互联网金融监管元年:普惠业态更多元》,新浪科技,https://tech.sina.com.cn/i/2015-08-27/doc-ifxhkafa9325467.shtml,2015年8月27日。

176.《蚂蚁金服控股天弘基金公司发布2017年三季财报》,搜狐网,https://www.sohu.com/a/200221230_114837,2017年10月25日。

177.《余额宝规模直逼四大行,已引起监管层关注》,搜狐网,https://www.sohu.com/a/153871991_99920490,2017年7月2日。

178.《余额宝已成为"千禧一代"年终奖的主要去处》,搜狐网,http://fund.sohu.com/20170118/n479003545.shtml,2017年1月18日。

二、英文部分

(一)英文著作

1.C. Sparks, *The Internet and the Global Public Sphere*, London: Cambridge University Press, 2001.

2. Howard Rheingold, *The Virtual Community: Homesteading Electronic Frontier*, Cambridge: MIT Press, 2000.

(二)期刊论文、工作论文及会议论文

1.Abhinna Srivastava, "The Status and Impact of E-Finance on Developing Economy," *Golden Research Thoughts*, Vol. 3, No. 11, May 2014.

2. Akihiro Nakao, "Network Virtualization as Foundation New Network Architectures and Applications," *IEICE Transactions on Communications*, Vol. E93-B, No. 3, March 2010.

3. Alireza Shameli-Sendi, et al., "Taxonomy of Intrusion Risk Assessment and Response System,"*Computers & Security*, Vol. 45, September 2014.

4.Anita K. Pennathur, "'Clicks and Bricks': E-Risk Management for Banks in the Age of the Internet," *Journal of Banking & Finance*, Vol. 25, No. 11, November 2001.

5. Anjing Wang, et al., "Network Virtualization: Technologies, Perspectives and Frontiers," *Journal of Lightwave Technology*, Vol. 31, No. 4, February 2013.

6. Arnoud W. A. Boot, et al., "Reputation and Discretion in Financial Contracting," *American Economic Review*, Vol. 83, No. 5, December 1993.

7.C. Romm,et al., "Virtual Communities and Society: Toward an

Integrative Three Phase Model," *International Journal of Information Management*, Vol. 17, No. 4, August 1997.

8.Clara Centeno, "Adoption of Internet Services in the Acceding and Candidate Countries, Lessons from the Internet Banking Case," *Telematics and Informatics*, Vol. 21, No. 4, November 2004.

9.Claudio Borio, "Implementing the Macroprudential Approach to Financial Regulation and Supervision," *Financial Stability Review*, No. 13, September 2009.

10.Dan Jong Kim, et al., "A Multidimensional Trust Formation Model in B-to-C E-commerce: A Conceptual Framework and Content Analyses of Academia/Practitioner Perspectives," *Decision Support Systems*, Vol. 40, No. 2, August 2005.

11.Eric C. Chafee and Geoffrey C. Rapp, "Regulating On-Line Peer-to-Peer Lending in the Aftermath of Dodd-Frank: In Search of an Evolving Regulatory Regime for an Evolving Industry," *Washington and Lee Law Review*, Vol. 69, No. 2, Spring 2012.

12. Ernest J. Wilson Ⅲ, "What is Internet Governance and Where Does it Come From," *International Public Policy*, Vol. 25, No. 1, 2005.

13.Eunkyoung Lee and Byungtae Lee, "Behavior in Online P2P Lending: An Empirical Investigation," *Electronic Commerce Research and Applications*, Vol. 11, No. 5, 2012.

14. Fariborz Moshirian, "The Global Financial Crisis and the Evolution of Markets, Institutions and Regulation," *Journal of Banking & Finance*, Vol. 35, No. 3, March 2011.

15.Franklin Allen, et al., "E-Finance: An Introduction," *Journal of Financial Services Research*, Vol. 22, No. 1/2, 2002.

16. Graciela Kaminsky, et al., "Leading Indicators of Currency

Crises," *IMF Staff Papers*, Vol. 45, No. 1, March 1998.

17. Gregor N. F. Weiss, et al., "Mitigating Adverse Selection in P2P Lending—Empirical Evidence from Prosper.com," https://ssrn.com/abstract=1650774, 2010.

18. Ho Geun Lee and Theodore H. Clark, "Market Process Reengineering through Electronic Market Systems: Opportunities and Challenges," *Journal of Management Information Systems*, Vol. 13, No. 3, 1996.

19. Ignacio J. Martinez-Moyano, et al., "A Behavioral Theory of Insider-threat Risks: A System Dynamics Approach," *ACM Transactions On Modeling And Computer Simulation*, Vol.18, No.2, April 2008.

20. Irving Fisher, "The Debt-Deflation Theory of Great Depressions," *Econometrica*, Vol. 1, No. 4, October 1933.

21. J. Yannis Bakos, "Information Links and Electronic Marketplaces: Implications of Interorganizational Information Systems in Vertical Markets," *Journal of Management Information Systems*, Vol. 8, No. 2, 1991.

22. Jack R. Magee, "Peer-to-Peer Lending in the United States: Surviving after Dodd-Frank," *North Carolina Banking Institute*, Vol. 15, No. 1, 2011.

23. Jeffrey A. Frankel and Andrew K. Rose, "Currency Crashes in Emerging Markets: An Empirical Treatment," *Journal of International Economics*, Vol. 41, No. 3/4, November 1996.

24. John Hagel, "Net Gain: Expanding Markets through Virtual Communities," *Journal of Interactive Marketing*, Vol. 13, No. 1, 1999.

25. Jordi Mondria and Climent Quintana-Domeque, "Financial Contagion and Attention Allocation," *The Economic Journal*, Vol. 123, No. 568, May 2013.

26. Lincoln Dahlberg, "The Internet and Democratic Discourse: Exploring the Prospects of Online Deliberative Forums for Extending the Public Sphere," *Information, Communication and Society*, Vol. 4, No. 4, 2001.

27. Lingyu Wang, et al., "Using Attack Graphs for Correlating, Hypothesizing, and Predicting Intrusion Alerts," *Computer Communications*, Vol. 29, No. 15, September 2006.

28. Marco Benini and Sabrina Sicari, "Risk Assessment in Practice: A Real Case Study," *Computer Communications*, Vol. 31, No. 15, September 2008.

29. Markus K. Brunnermeier and Lasse Heje Pedersen, "Market Liquidity and Funding Liquidity," *Review of Financial Studies*, Vol. 22, No. 6, June 2009.

30. Melisso Boschia and Aditya Goenka, "Relative Risk Aversion and the Transmission of Financial Crises," *Journal of Economic Dynamics & Control*, Vol. 36, No. 1, January 2012.

31. Mingfeng Lin, et al., "Judging Borrowers by the Company They Keep: Friendship Networks and Information Asymmetry in Online Peer-to-Peer Lending," *Management Science*, Vol. 59, No. 1, January 2013.

32. Mohan Kumar, et al., "Predicting Emerging Market Currency Crashes," *Journal of Empirical Finance*, Vol. 10, No. 4, September 2003.

33. Murillo Campello, et al., "The Real Effects of Financial Constraints: Evidence from a Financial Crisis," *Journal of Financial Economics*, Vol. 97, No. 3, September 2010.

34. N. M. Mosharaf Kabir Chowdhury and Raouf Boutaba, "A Survey of Network Virtualization," *Computer Networks*, Vol. 54, No. 5,

April 2010.

35. Nayot Poolsappasit, et al., "Dynamic Security Risk Management Using Bayesian Attack Graphs," *IEEE Transactions On Dependable And Secure Computing*, Vol. 9, No. 1, January-February 2012.

36. Nicholas Economides, "Network Economics with Application to Finance," *Financial Markets, Institutions & Instruments*, Vol. 2, No. 5, December 1993.

37. Paul Belleflamme, et al., "Crowdfunding: Tapping the Right Crowd," *Journal of Business Venturing*, Vol. 29, No. 5, September 2014.

38. Richard J. Sullivan, "How Has the Adoption of Internet Banking Affected Performance and Risk in Banks? ALook at Internet Banking in the Tenth Federal Reserve District," *Financial Industry Perspectives*, Federal Reserve Bank of Kansas City Financial Industry, December 2000.

39. Robert C. Merton, "Financial Innovation and the Management and Regulation of Financial Institutions," *Journal of Banking & Finance*, Vol. 19, No. 3/4, June 1995.

40. Robert F. Engle and Simone Manganelli, "CAViaR: Conditional Autoregressive Value at Risk by Regression Quantiles," *Journal of Business & Economic Statistics*, Vol. 22, No. 4, 2004.

41. Roman Brandtweiner and Arno Scharl, "An Institutional Approach to Modeling the Structure and Functionality of Brokered Electronic Markets," *International Journal of Electronic Commerce*, Vol. 3, No. 3, 1999.

42. Ronald J. Mann, "Regulating Internet Payment Intermediaries," *Texas Law Review*, Vol.82, No. 3, February 2004.

43. Scott Sonenshein, et al., "How Accounts Shape Lending Decisions

through Fostering Perceived Trustworthiness," *Organizational Behavior and Human Decision Processes*, Vol. 115, No. 1, May 2011.

44. Stefan Gerlach and Frank Smets, "Contagious Speculative Attacks," *European Journal of Political Economy*, Vol. 11, No. 1, March 1995.

45. Sujit Chakravorti, "Analysis of Systemic Risk in Multilateral Net Settlement Systems," *Journal of International Financial Markets, Institutions & Money*, Vol. 10, No. 1, January 2000.

46. Sven C. Berge and Fabian Gleisner, "Emergence of Financial Intermediaries in Electronic Markets: The Case of Online P2P Lending," *BuR-Business Research*, Vol. 2, No. 1, May 2009.

47. Yin-Wong Cheung and Lilian K. Ng, "A Causality-in-variance Test and its Application to Financial Market Prices," *Journal of Econometrics*, Vol. 72, No. 1/2, 1996.

48. Yongmiao Hong, et al., "Granger Causality in Risk and Detection of Extreme Risk Spillover Between Financial Markets," *Journal of Econometrics*, Vol. 150, No. 2, June 2009.

49. Yongmiao Hong, "A Test for Volatility Spillover with Application to Exchange Rates," *Journal of Econometrics*, Vol. 103, No. 1/2, July 2001.

50. Seth Freedman and Ginger Zhe Jin, "Do Social Networks Solve Information Problems for Peer-to-Peer Lending? Evidence from Prosper.com," *Net Institute Working Paper*, November 2008.

51. Alain Mayer, et al., "Fang: A Firewall Analysis Engine," 2000 *IEEE Symposium On Securityand Privacy, Proceedings*, 2000.

52. Arnes Andre, et al., "Using Hidden Markov Models to Evaluate the Risks of Intrusions," *Recent Advancesin Intrusion*

Detection, *Proceedings*, Vol. 4219, 2006.

53. Benjamin Collier and Robert Hampshire, "Sending Mixed Signals: Multilevel Reputation Effects in Peer-to-Peer Lending Markets," *Proceeding of the* 2010 *ACM Conference on Computer Supported Cooperative Work*, February 2010.

54. Cynthia Phillips and Laura Painton Swiler, "A Graph-based System for Network-vulnerability Analysis," *New Security Paradigms Workshop*, *Proceedings*, 1999.

55. Ronald W. Ritchey and Paul Ammann, "Using Model Checking to Analyze Network Vulnerabilities," 2000 *IEEE Symposium On Security And Privacy*, *Proceedings*, 2000.

后　记

本书是在我的博士学位论文基础上修改完善而成，在即将付梓成书之际，向所有关怀、支持、帮助本书顺利出版的人们致以最衷心的感谢！

感谢我的博士导师马艳教授对我的辛勤栽培和谆谆教诲！马老师对我博士学位论文的撰写倾注了大量心血，从论文的初步选题到确立框架，再到修改完善，直至最终定稿，马老师都给予了悉心指导。尤其是当我遇到思维瓶颈时，马老师都会认真、耐心点拨，大到宏观思路，小到修改细节，都会提出具体、细致的修改建议。马老师这种严谨的治学态度、高度负责的精神和孜孜不倦的教诲，显著提升了我的科研能力，拓宽了我的学术之路，让我深感敬佩和感激！同时，感谢在博士学位论文写作中给我提出宝贵意见的何玉长、冒佩华、陈波、伍装、张沁悦、孟捷、杨小勇等各位老师！感谢我的师兄师姐、师弟师妹以及同学和朋友们的帮助和鼓励！

自从博士毕业进入山东大学马克思主义学院（威海）工作以来，我积极借鉴吸收互联网金融领域的最新研究成果，继续围绕互联网金融的双重虚拟性与叠加风险展开持续深入研究，进一步丰富和拓展了研究的广度和深度，并以相关研究成果为基础申报国家社科项目、教育部社科项目、山东省社会科学规划研究项目等，并获得山东省社会科学规划研究项目立项。感谢山东大学马克思主义学院(威海)的吴文新、郝书翠、马秋丽、焦佩、付文忠、王晓宏等各位领导和老师们为本研究的进行、申报立项和本书的出版提供的宝贵建议和大力支持！感谢我的博士后合作导师程恩富教授对本研究的进行和本书的完成给予的悉心指导和热诚关心！感谢学院在本研究的进行和本书的出版过程中提供的各种便利和资助！感谢山东大学出版社的谭学秋编辑和刘晓燕编辑为本书的出版给予的专业、耐心、细致、周到的服务！

还要感谢我的家人,他们的无私付出和坚定支持为我免除了后顾之忧,让我可以全身心投入到研究和书稿整理工作中。没有家人数十年如一日的默默付出和支持,我不可能在追求学术的道路上走到今天,寸进之功皆是家人的辛劳所得,这份厚重的亲情让我铭刻在心。家庭是温暖的港湾,让我在疲惫倦怠的时候可以得到休憩,驱散人生中的阴霾和消极,助长前进的信心和勇气。我将时刻铭记家庭的艰辛和不易,眼中写满向往,心中写满梦想,灵魂写满信仰,以“人一能之,己百之;人十能之,己千之”的拼搏精神,一步一个脚印踏实苦干,不辜负家庭的付出和辛劳,用奋斗的成果回报家人的殷切期盼和浓浓亲情！

限于个人学术水平和能力,书中不足之处在所难免,恳请专家学者和读者批评斧正,助益本书不断至臻完善！

杨培祥

2023年8月